Profitips für Reiter

Für Manne

Profitips für Reiter

Tips zur Dressur
von Petra und Wolfgang Hölzel

Tips zum Springen
von Martin Plewa

Franckh-Kosmos

Mit 30 Farbfotos und 26 Schwarzweißfotos von H. M. Czerny (S. 62, 64, 81, 82), Ehrenbrink (S. 80), W. Ernst (S. 54, 93, 96, 97, 113, 116, 137, 138, 147, 148), J. Lemke (S. 159), Mitschke (S. 59, 89, 94), Sammlung Plewa (S. 73), Sammlung W. Hölzel (S. 7, 9, 11, 12, 13, 14, 16, 19, 21, 28, 31, 40, 41, 47, 48, 91, 99, 106, 110, 117, 121, 124, 128, 130, 134, 151, 154, 155, 157, 158 o.), BMfLuF Wien (S. 152) und Erika Taylor (Valerie Parry Photography, 623 Village Parkway, Unionville, Ontario, Canada) auf S. 158 unten.

Mit 158 Strichzeichnungen von Gisela Holstein und 2 Zeichnungen von Siegfried Fischer

Lektorat und Herstellung von Siegfried Fischer, Stuttgart

Umschlag gestaltet von Atelier Reichert, Stuttgart, unter Verwendung von vier Fotos von J. Christen, W. Hölzel, Sammlung Plewa sowie von Profoto-Team Delmenhorst.

Die Deutsche Bibliothek — CIP-Einheitsaufnahme

Profitips für Reiter / Tips zur Dressur von Petra und Wolfgang Hölzel. Tips zum Springen von Martin Plewa. - Stuttgart : Franckh-Kosmos, 1992
   ISBN 3-440-06349-6
NE: Hölzel, Petra; Hölzel, Wolfgang; Plewa, Martin

Nicht vergessen wollen wir, dankend darauf hinzuweisen, daß C. Hess und S. Hopmann von der FN (Deutsche Reiterliche Vereinigung) mit ihren sachkundigen Ratschlägen zu unseren Tips einen wertvollen Beitrag geleistet haben.

Über die Autoren:

Dr. Petra Hölzel, promovierte Philologin und von klein auf passionierte Reiterin, hat zusammen mit ihrem Mann Pferde bis zur schweren Klasse ausgebildet und gemeinsam mit ihm zahlreiche Fachbücher und -artikel publiziert.

Dr. Wolfgang Hölzel, in der Reitschule seiner Eltern aufgewachsen, erhielt für seine Erfolge in Dressur, Springen und Vielseitigkeit das goldene Reiterabzeichen. Der promovierte Pädagoge war neun Jahre Ausbildungsleiter an der Deutschen Reitschule in Warendorf und danach sechs Jahre Nationaltrainer der australischen Dressur- und Vielseitigkeitsreiter. Er gibt heute Lehrgänge für Amateure und Profis in Dressur und Springen.

Martin Plewa, ist Gymnasiallehrer und reitet seit seinem sechsten Lebensjahr. Ausbildung in allen Disziplinen bis Kl. S; als Vielseitigkeitsreiter Teilnehmer an Welt- und Europameisterschaften. Der Autor zahlreicher Beiträge in Fachorganen ist seit 1985 Bundestrainer der deutschen Vielseitigkeitsreiter.

Profitips für Reiter

Einleitung

Liebe Leserin,
lieber Leser,
bevor du vor der Anrede des vertraulichen »Du« zurückschreckst und das Buch schockiert zur Seite legst, lies bitte die Begründung dafür, die dir hoffentlich so einleuchtend erscheinen wird wie den Autoren.

Das förmliche Sie als konventionelle Höflichkeitsform ist für die Tips, die wir geben, wenig zweckmäßig. In vielen anderen Sportarten, etwa dem Segeln, dem Bergsteigen oder dem Skilaufen, ist das kumpelhafte »Du« ohnehin schon längst selbstverständlich. Und das mit Recht: Es vermindert eine sachlich unnötige Distanz zwischen Lehrer und Schüler, hier zwischen Autor und Leser. Es ist auch lernpsychologisch wirksamer, weil kürzer, knapper, einprägsamer und präziser.

Langjähriges Unterrichten in englischer Sprache (in der »you« Sie, du und auch man bedeutet), hat gezeigt, daß ein einfaches »Du« sehr viel dazu beiträgt, sachliche Informationen leichter, kürzer und effektiver zu vermitteln. Natürlich wünschen sich die Autoren, daß während deiner Beschäftigung mit diesem Buch das »Du« auf Gegenseitigkeit beruht, daß du uns also ebenfalls mit »Du« ansprichst. Vielleicht führt das mehr als sonst zu einem lebendigen Dialog. Wir freuen uns auf deine Fragen, Anregungen und Einwände.

Das Buch unterscheidet sich nicht nur in der Form der Anrede, sondern auch in seinem ganzen Aufbau von dem, was du vielleicht erwartest, weil du es so gewohnt bist. Zuerst die Dinge, die du nicht finden wirst: Dazu gehören vor allem Anleitungen für Anfänger. Mit unserem Buch können nur diejenigen etwas anfangen, die zumindest ein Reiterabzeichen besitzen.[*]

Statt eines fortlaufenden Textes findest du Tips zu Lektionen und auftauchenden Schwierigkeiten, also vor allem für alle jene Fälle, in denen es eben nicht so klappt, wie es in den klassischen Reitlehren beschrieben wird. Du findest knappe Informationen, die visuell übersichtlich, leicht zu erfassen und durch viele informative Skizzen illustriert sind.

Lies das Buch nicht einfach von Anfang bis Ende. Blättere es zuerst zwanglos durch, und lies das, was dich interessiert und dir Freude macht. Oder schlage ein Kapitel auf, das die Probleme behandelt, die dir im Augenblick zu schaffen machen. Sind es die fliegenden Wechsel, springt dein Pferd sie nach? Du wirst konkrete Tips zur Bewältigung deiner Schwierigkeiten finden. Stößt du dabei auf den Hinweis zur Grundlagenarbeit, so kannst du dort nachlesen, was du vernachlässigt hast und unbedingt in Ordnung bringen solltest. Du kannst also sowohl die Punkte nachschlagen, die dich beschäftigen, als auch etwas über die Voraussetzungen erfahren, die zu deinen Schwierigkeiten geführt haben.

Die ersten beiden Kapitel — über artgerechte Haltung und mentales Training — möchten wir dir allerdings besonders ans Herz legen.

Du magst denken »Was hat denn die Frage der *artgerechten Haltung* mit dem Dressurtraining zu tun?« Wir antworten: eine ganze Menge! Denn viele Schwierigkeiten bei der Ausbildung tauchen gar nicht erst auf, wenn du die Bedürfnisse deines Pferdes kennst und berücksichtigst. Dadurch schaffst du eine entscheidende Grundlage für Trainingserfolge.

Und was ist »*mentales Training*«? Hier handelt es sich um eine Methode, die sich in vielen Sportarten bereits als sehr effektiv erwiesen hat und hier zum ersten Mal auf deinen Sport angewandt wird. Ganz gleich ob du Schüler oder Trainer bist, ob du Probleme in deiner eigenen reiterlichen Entwicklung oder mit der Ausbildung deines Pferdes hast — du wirst hier eine wertvolle Hilfe für alle Situationen entdecken.

Lies dieses Buch so, wie es gemeint ist: als den Erfahrungsschatz zweier Bundestrainer, den sie durch langjähriges Ausbilden von Reitern und

[*] Vgl. hierzu Hölzel, Wolfgang, Das Reiterabzeichen, Stuttgart 1990

8

Pferden gesammelt haben und den sie in möglichst konkret faßbarer und verständlicher Form an dich weitergeben wollen.

Wir wünschen dir beim Lesen viele nützliche Erkenntnisse sowie deren Umsetzung in reiterliche Fortschritte und Erfolge bei der Förderung deines Pferdes.

Dr. Petra Hölzel
Dr. Wolfgang Hölzel
Martin Plewa

Grundsätzliche Gedanken zur Ausbildung

1

1.1. Artgerechte Haltung

Sorge für artgerechte Haltung deines Pferdes, die seinen natürlichen Bedürfnissen Rechnung trägt. Damit schaffst du die Grundlage für seine körperliche und psychische Gesundheit, ohne die optimale Ausbildungserfolge nicht möglich sind.

Dein Pferd ist vor allem ein ausgesprochenes Lauftier: Es braucht Bewegung so nötig wie Futter und Wasser. Ein frei lebendes Pferd bewegt sich bis zu 16 Stunden am Tag. Dabei werden seine Muskeln ständig trainiert. »Gelenkschmiere« bildet sich, die Atmungsorgane werden mit Frischluft versorgt, Herz und Lunge durchblutet, der Stoffwechsel wird durch das Tageslicht angeregt.

Du magst einwenden, daß dein Reitpferd sich vom Wildpferd wesentlich unterscheidet, weil es durch jahrtausendlange Zucht domestiziert worden ist. Dennoch: Seine Grundbedürfnisse sind weitgehend dieselben geblieben.

Sein Bewegungsbedürfnis kannst du auch nicht annähernd befriedigen, indem du ihm nur eine Stunde am Tag Bewegung verschaffst. Gewiß, du kannst es zwar in einer Reitstunde physisch stark beanspruchen. Dein Pferd fühlt sich trotzdem nicht wohl, wenn es die übrigen 23 Stunden im Stall steht. Auch der in vielen Betrieben übliche Stehtag widerspricht dem Bewegungsbedürfnis des Pferdes. Versuche, ihn, wenn irgend möglich, zu vermeiden.

Halte dir vor Augen, daß zu wenig Bewegung auch häufig zu gesundheitlichen Schäden führt: Anfälligkeit von Sehnen, Bändern und Gelenken, aber auch Erkrankungen der Atemwege sind die traurigen Folgen.

Dein Pferd ist überdies ein ausgesprochenes Herdentier, das sich nur in Gesellschaft von Artgenossen wohl und sicher fühlt. Wenn du sei-

Das Bewegungsbedürfnis des Lauftiers Pferd wird durch eine Arbeitsstunde am Tag nicht befriedigt — der Weidegang ist die natürlichste zusätzliche Bewegungsform.

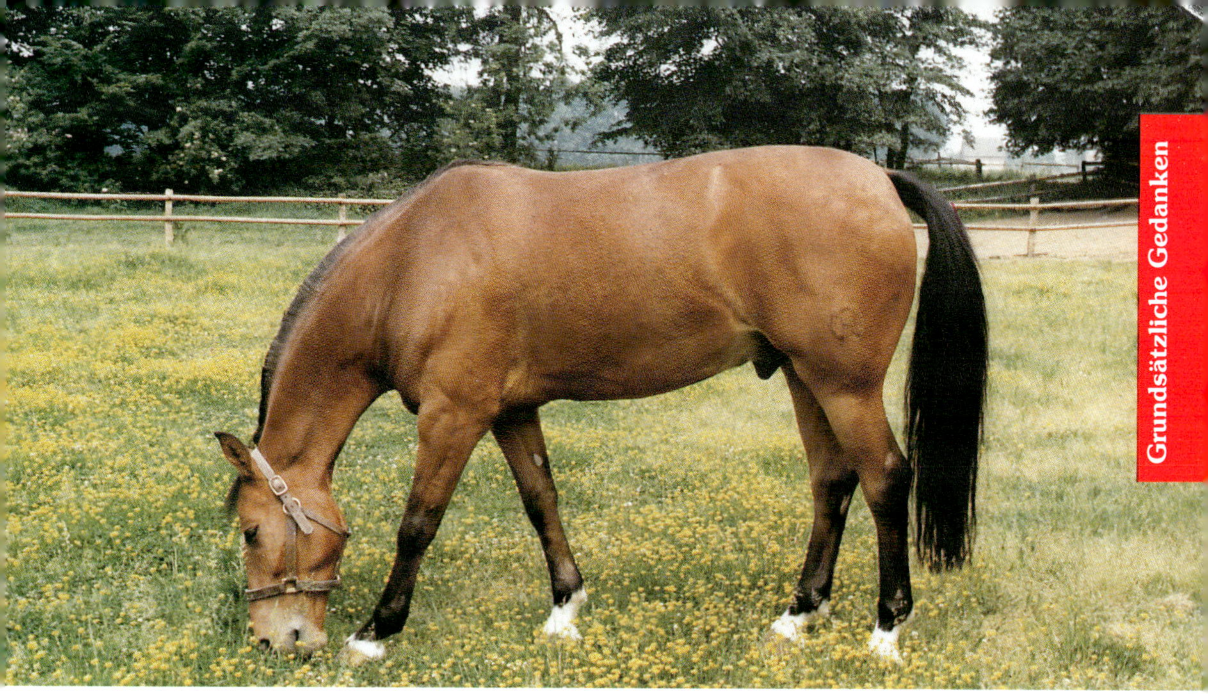

Oben: Langer, ruhiger Weidegang fördert physische und psychische Gesundheit des Pferdes.

ne sozialen Bedürfnisse außer acht läßt, können Verhaltensstörungen auftreten.

So sind beispielsweise die wichtigen Sicht- und Schnupperkontakte zum Boxennachbarn am besten in Offenboxen zu verwirklichen.

Mehr Bewegung ist notwendig

Bei der »normalen« einen Reitstunde am Tag fehlt die lange, ruhige Bewegungsmöglichkeit, die dem frei lebenden Pferd gegeben war. Für das

Auch das Mitführen von Handpferden ist eine zusätzliche Bewegungsmöglichkeit.

Dein Pferd ist vor allem ein ausgesprochenes Lauftier — dieses Grundbedürfnis solltest du einbeziehen (Thies Kaspareit mit Sherry).

heutige, im Stall gehaltene Reitpferd ist deshalb eine <u>zusätzliche Bewegungsform</u> notwendig, durch die es körperlich ausgelastet ist und auf natürliche Weise ermüdet. Eine Bewegung also, die zu seiner Gesundheit und zu seinem Wohlbefinden beiträgt — ohne die Nerven zu belasten und das Gehirn durch Konzentration auf den Reiter anzustrengen. Sorge für eine solche zwanglose Bewegung, u. a. durch Bummeln im Gelände, Weidegang oder Spazierenführen; sie ist wichtig für Gesundheit, Ausgeglichenheit und Leistungsfähigkeit deines Pferdes.

Du glaubst, dafür keine Zeit zu haben? — Dann laß dir etwas einfallen! Es gibt eine Reihe von Möglichkeiten, die kaum zusätzliche Zeit erfordern:

● Einige Stunden Bewegung auf der Weide oder im Paddock (Tips zur Vermeidung von Gefahren geben wir unten). Geschorene Pferde können mit wetter- und rutschfester Decke auch bei schlechtem Wetter ins Freie.

● Longieren am Halfter: Die Zeit fürs Satteln, Zäumen und Verschnallen der Ausbinder verwenden wir für eine entsprechend längere Bewegungszeit.

● Schrittreiten, z. B. durch ein »Pflegemädchen«, das das Pferd nach der Arbeit am Vormittag nachmittags noch einmal für ½ bis 1 Stunde herausnimmt — das ist auch gleichzeitig zum Unterricht möglich.

● Auch der Reitlehrer kann beim Unterricht mit Fortgeschrittenen ein Pferd im Schritt reiten oder führen.

● Reiten mit Handpferd: mit oder ohne Ausbinder, am besten im Gelände, aber auch in der Halle.

● In der Reit- oder Longierhalle frei laufen lassen; wenn die Pferde es gewohnt sind, auch ohne Aufsicht. Um Verletzungen zu vermeiden, sollten die Pferde allerdings unbedingt vorher 10 Minuten im Schritt longiert oder geführt werden!

● Einige Profis haben gute Erfahrungen damit gemacht, daß sie Pferde, die sich kennen, frei in der Halle herumlaufen lassen, während immer wieder ein anderes Pferd gearbeitet wird.

● Bewegung an der Führmaschine: sicher nicht ideal, aber bestimmt besser als keine zusätzliche Bewegung.

Du siehst also: Es gibt eine Reihe von Möglichkeiten – oft müssen nur »alte Zöpfe abgeschnitten« oder Bequemlichkeit überwunden werden! Immer im Hinterkopf behalten: Wenn die Zeit knapp wird, lieber ohne Sattel longieren oder reiten und die Zeit fürs Satteln und Absatteln für die Bewegung nutzen. Zum Schrittreiten mußt du dich nicht unbedingt umziehen – das geht auch mit Jeans.

Mehr Bewegung löst Probleme

Zusätzliche ruhige Bewegung ist auch ein wesentliches Mittel zur psychischen Anregung des Pferdes, zur Wachheit und inneren Lebendigkeit. Beim wild lebenden Pferd verarbeiten ja die Sinnesorgane vielfältige Reize aus der Umgebung und sind darauf trainiert, diese richtig – als harmlos oder gefährlich – einzuschätzen. Stalluntugenden wie Weben, Koppen, Reiben der Zähne an den Gitterstäben usw. beruhen auf

Mangel an Bewegung, Abwechslung und Sozialkontakten, kurz auf Langeweile. Übertriebenes Scheuen, Schreckhaftigkeit, Übermut und Ungehorsam – Ursachen für viele Reitunfälle – sind meist auf die Reizarmut eines langen Stalltages zurückzuführen, die das Pferd gegen alle Umwelteindrücke außerhalb des monotonen Stalles in anomaler Weise empfindlich macht.

Zusätzliche Bewegung ist ein ausgezeichnetes Mittel gegen viele Schwierigkeiten beim Reiten. Dein Pferd kann sich dadurch auf erstaunliche Weise zu seinem Vorteil verändern.

Vergiß nicht

Weide oder Paddock

Der Weidegang – am besten zusammen mit einem verträglichen Artgenossen – ist eine unschätzbare und die natürlichste Bewegungsform für dein Pferd. Falls keine Koppel zur Verfügung steht, sollte der Besitzer alles tun, was in seiner Macht und im Bereich seiner finanziellen Möglichkeiten steht, um seinem Pferd diese artgemäße Bewegung zu verschaffen.

Eine sorgfältige Gewöhnung an die Weide sowie an die Gesellschaft an-

Zwanglose Bewegung beim Spazierenführen

Ein erfrischendes Bad schafft Bewegung und Abwechslung zugleich.

Zusammen mit einem Artgenossen fühlt sich das Pferd auch auf der Weide am wohlsten.

Beim Weideneuling sollte man anfangs eine Weile dabeibleiben und ihn eventuell beruhigen.

derer Pferde ist wichtig. Nicht umsonst haben viele Besitzer vor allem wertvoller Turnierpferde Angst vor der Verletzungsgefahr für ihre weideungewohnten Tiere. Es gibt einige Regeln, die du vor dem ersten Weidegang beherzigen solltest:
● das Pferd erst nach der Arbeit, also nicht unbewegt und voller Stallübermut, auf die Weide führen;
● es vorher nicht füttern, so daß der Hunger auf frisches Gras von anderen Reizen ablenkt und unkontroliertes Herumtoben eindämmt;
● eine Weile dabei bleiben, das Pferd beobachten und evtl. beruhigen.
● Gut bewährt hat es sich auch, den Weideneuling an der Longe auf die Koppel zu bringen; so kannst du auf ihn einwirken und seinen Übermut unter Kontrolle behalten, bis er sich an die ungewohnte Freiheit gewöhnt hat und zufrieden grast.
Natürlich entspricht es dem Wesen des Pferdes am besten, wenn es in Gesellschaft eines (oder mehrerer) Artgenossen auf die Weide darf. Allerdings mußt du besonders vorsichtig vorgehen, wenn du dein Pferd zum ersten Mal mit einem Stallge-

fährten zusammenbringst. Beobachte die Reaktionen genau: Nach anfänglichem neugierigem Beschnuppern wird es entweder zu einer Keilerei oder einem friedlichen Nebeneinander kommen. Du kannst die Pferde dann beruhigt alleine lassen. Versuchen sie jedoch, sich zu schlagen und zu beißen, so müssen sie sofort getrennt werden. Du solltest die beiden Rivalen – vor allem wenn sie beschlagen sind – nicht wieder zusammen auf die Koppel lassen, denn sie könnten sich bei ihren Rangstreitigkeiten empfindlich verletzen.
Bevor zwei beschlagene Pferde das erste Mal zusammen frei laufen, kann die Zeit genutzt werden, während der Schmied im Stall ist. Er nimmt den beiden Pferden die Eisen ab und schneidet die Hufe aus. Ohne Eisen können sie sich nun bei ihrem ersten Weidegang nicht ernsthaft verletzen, und du kannst unbesorgt abwarten, ob sie sich vertragen. Anschließend werden sie wieder beschlagen.
Fast immer problemlos ist es, den Neuling mit einem älteren, ruhigen, weidegewohnten Pferd zusammenzubringen. Die beiden werden oft

unzertrennlich. Dein eigenes Pferd wird zusammen mit einem friedlichen Artgenossen auch über längere Zeit ohne Unruhe und Aufregung grasen, während Pferde, die alleine sind, oft nach kurzer Zeit nervös wiehernd vor dem Eingang auf und ab laufen und sich bis zu heftigen

solltest du das Gruppengeschehen beobachten und notfalls eingreifen. Eine gute und sichere Möglichkeit zur Vorbereitung auf gemeinsame Weidehaltung sind <u>Einzelpaddocks mit Zaunkontakten</u>. Haben sich die Pferde aneinander gewöhnt und zeigen keine Animositäten, können sie

Zwei fremde Pferde beschnuppern sich auf der Koppel.

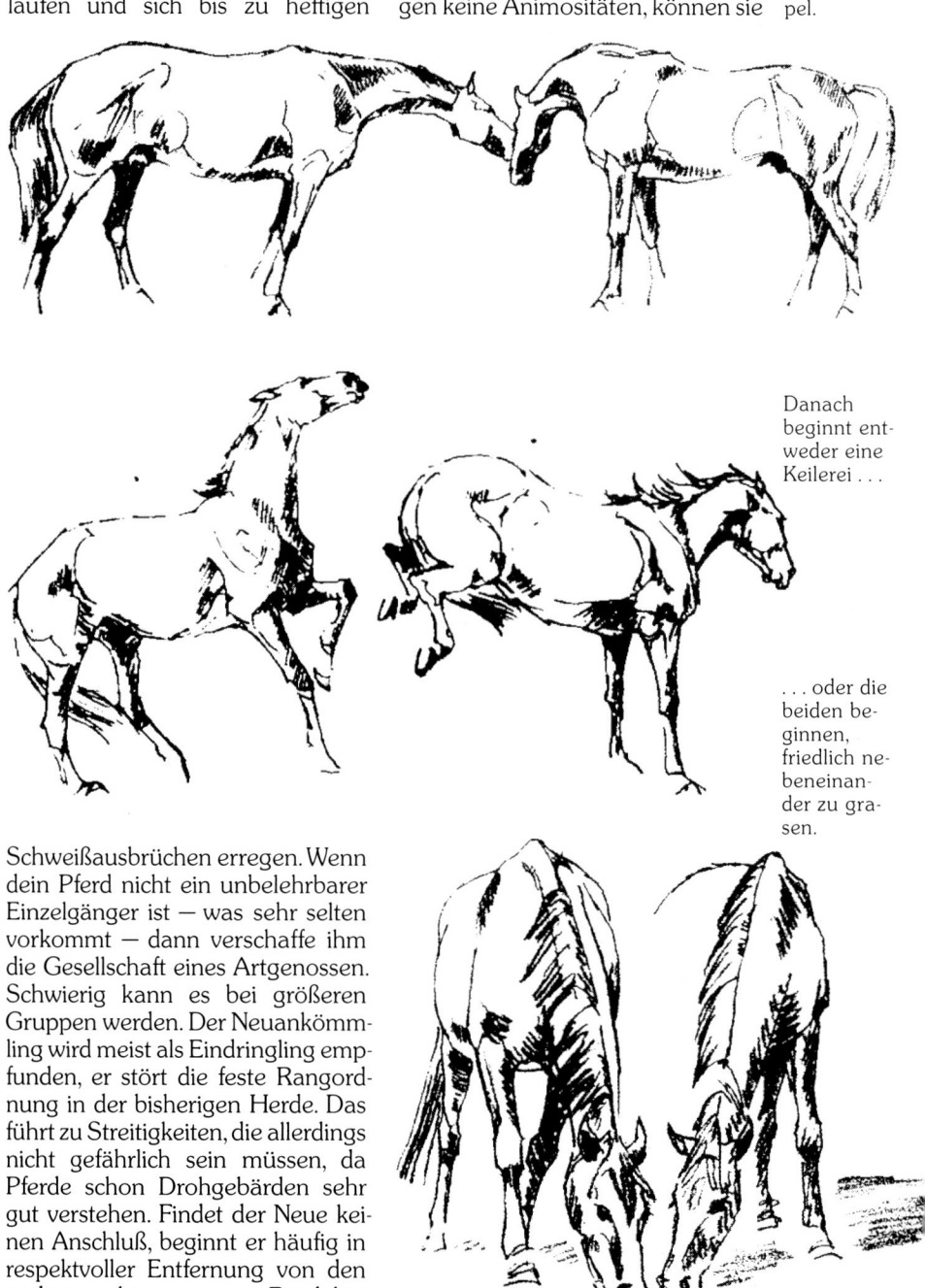

Danach beginnt entweder eine Keilerei . . .

. . . oder die beiden beginnen, friedlich nebeneinander zu grasen.

Schweißausbrüchen erregen. Wenn dein Pferd nicht ein unbelehrbarer Einzelgänger ist — was sehr selten vorkommt — dann verschaffe ihm die Gesellschaft eines Artgenossen. Schwierig kann es bei größeren Gruppen werden. Der Neuankömmling wird meist als Eindringling empfunden, er stört die feste Rangordnung in der bisherigen Herde. Das führt zu Streitigkeiten, die allerdings nicht gefährlich sein müssen, da Pferde schon Drohgebärden sehr gut verstehen. Findet der Neue keinen Anschluß, beginnt er häufig in respektvoller Entfernung von den anderen ruhig zu grasen. Bis dahin meist problemlos zusammen auf die Weide gelassen werden. Beobachte aber auch dann die Gruppe noch eine Zeitlang.

Stallhaltung

Hast du die Möglichkeit, dein Pferd in einen Offenstall mit Gruppenhaltung zu stellen? Wenn ja, hast du eine ideale Lösung der Stallhaltung gefunden.

Sie ist aber meist nicht realisierbar oder problematisch. Doch auch bei der herkömmlichen Haltung in einer Boxe kannst du viel für die Bedürfnisse deines Pferdes tun. Achte darauf, daß die Boxe möglichst groß und hell ist. Eine Klappe nach außen kannst du leicht selbst anbringen. So hat dein Pferd genug Licht, Luft und Kontakt zur Außenwelt und zu den Boxennachbarn.

Indiskutabel ist die Anbindehaltung im Ständer, die keinem Pferd zugemutet werden darf.

Die sozialen Bedürfnisse des Pferdes kannst auch du selbst zumindest teilweise abdecken, indem du dich viel mit ihm beschäftigst. Verbinde dies am besten mit spielerischer Bewegung in freier Natur: Bummeln im Gelände, Spazierenführen, Baden in einem See oder Fluß.

Merke

Wenn du auf die Grundbedürfnisse deines Pferdes eingehst, verminderst oder beseitigst du zugleich viele Probleme bei seiner Ausbildung.

1.2. Trainingsprinzipien

● Halte dich beim Aufbau deines langfristigen Trainingsplans sowie jeder einzelnen Trainingseinheit an die folgende systematische Reihenfolge:

1. Losgelassenheit mit beidseitiger Geschmeidigkeit (Biegung);

Offenboxen mit der Möglichkeit sozialer Kontakte kommen den Bedürfnissen des Pferdes entgegen.

2. Anlehnung und Durchlässigkeit: im Gleichgewicht, ohne Aufrichtung (1. und 2. bezeichnen wir als Grundlagenarbeit);

3. Versammlung mit entsprechender Aufrichtung und gleichzeitiger Schwungentwicklung;

4. Abspannen (Lockern).

● Beim fortgeschrittenen, gut gerittenen Pferd gehen diese einzelnen Abschnitte ohne großen Zeitaufwand ineinander über. Ihre Reihenfolge sollte jedoch strikt eingehalten werden.

● Bei jungen Pferden und bei Korrekturpferden ist die Grundlagenarbeit (Losgelassenheit und Durchlässigkeit) Ziel des gesamten ersten Trainingsabschnitts. Sie sind Basis und Prüfstein für jede weitere Ausbildung — auch in den Sparten Springen und Vielseitigkeit. Ist diese Grundlagenarbeit Ziel eines Trainingsabschnitts, wird Punkt 4, das Abspannen, unnötig.

> **Wichtig: In jedem Stadium der Ausbildung ist es wichtig, daß *am Anfang und am Ende der Stunde zehn Minuten Schritt* geritten wird. Das Pferd, das aus dem Stall oder vom Hänger kommt, muß sich in Ruhe einlaufen und die nötige Gelenkschmiere bilden können. Bei Kälte ist es vernünftig, die ersten zehn Minuten mit einer Decke zu reiten (vor allem, wenn die Pferde geschoren sind). Durch das Schrittreiten am Ende des Trainings sorgst du dafür, daß das Pferd ruhig atmend und physisch wie psychisch entspannt aus der Arbeit entlassen wird.**

● *Erst nach erfolgreicher und gefestigter Grundlagenarbeit beginnen wir mit der Versammlung,* die behutsam eingeleitet und allmählich schrittweise gefördert wird. Die Losgelassenheit muß während der gesamten versammelnden Arbeit erhalten bleiben: Das Pferd soll stets »dehnungsbereit« sein, d.h. sich in jedem beliebigen Stadium — auch aus der höchsten Versammlung heraus — dehnen lassen. Die Durchlässigkeit wird im Verlauf der Ausbildung gefestigt und verfeinert.

Bei der Versammlung unterscheiden wir drei Stufen:

1. Stufe: beginnende Versammlung, die in etwa den Anforderungen der Kl. A/L entspricht.

2. Stufe: mittlere Versammlung, die etwa den Anforderungen der Kl. M und einer leichten S-Dressur entspricht.

3. Stufe: höchste Versammlung bis hin zu den Lektionen des Grand Prix (ganze Galoppirouetten, Piaffe, Passage).

● Achte sorgfältig darauf, daß du die *Schwungentwicklung* deines Pferdes (durch Zulegen im Trab und Galopp) im gleichen Maße förderst wie seine Versammlung und auch innerhalb einer Trainingseinheit abwechselst zwischen Beanspruchung von Schub- und Tragkraft.

● Nimm dir für jede Arbeitsstunde ein bestimmtes Ziel vor, und plane dementsprechend den *Aufbau der Trainingseinheit.* Setz dir Schwerpunkte: Du kannst bereits Erlerntes verbessern und/oder neue Übungen einführen bzw. festigen. Aber reite nicht immer das ganze »Programm«!

● Neben dem täglichen Training braucht das Lauftier Pferd ein zusätzliches *Bewegungsprogramm* (s.o.). Dessen Ausmaß erkennst du, wenn du die Gehlust kontrollierst (Verspannungen, unausgearbeiteter Bewegungsdrang).

● *Sorge auch für Abwechslung während der Arbeitswoche,* z.B. durch Longieren, Cavalettiarbeit, Gelände, Springgymnastik, Freilaufenlassen, Spazierenführen, Weidegang. Unterscheide zwischen konzentrierter Arbeit und Bewegung.

● *Sorge auch während der Trainingszeit für Abwechslung.* Beziehe möglichst alle Grundgangarten in

Rechts: Galoppieren im Gelände gehört in jeden Trainingsplan. Es trägt bei zur Gesunderhaltung und zum Wohlbefinden des Pferdes (Thies Kaspareit mit Sherry).

die Arbeit ein. Liegt der Schwerpunkt der Arbeit einmal im Trab, solltest du beim Lösen oder Abspannen vermehrt galoppieren und umgekehrt. Verlege die Dressurarbeit ruhig zwischendurch ins Gelände, und arbeite auch in der Bahn ab und zu ohne Versammlung und Lektionen, nur mit dem Ziel, das Pferd zu lösen und durchlässig zu machen.

● Viele Reiter reiten zu lange auf derselben Hand oder geben einer Hand deutlich den Vorzug. Gewöhne dir an, zur Kontrolle immer wieder nach der Uhr *alle 4–5 Minuten die Hand zu wechseln*. Im Gelände entspricht dem das gleichmäßige Fuß-, bzw. Galoppwechseln.

Merke dir Das Abspannen (Lockern) sollte nicht nur am Ende der versammelnden Arbeit erfolgen, sondern ist gerade auch nach einzelnen noch ungewohnten oder besonders anstrengenden Übungen wichtig und gymnastisch wertvoll. Dasselbe gilt für Schrittpausen nach einzelnen Trainingseinheiten (Intervallmethode) – das Pferd empfindet sie als Erholung und Belohnung.

● *Stelle neue Lektionen grundsätzlich an den Schluß der Arbeit*, damit du nach dem ersten, in Grobform gelungenen Versuch sofort aufhören, dein Pferd loben, Schritt reiten und die Zügel lang lassen oder hingeben kannst. Unternimm an diesem Tag keine weiteren Versuche.

● Beginne stets mit der leichteren Form einer Übung, bevor du sie exakt ausführst – *übe die Grobform vor der Feinform*. So reitest du die Piaffe z. B. zuerst mit deutlicher Vorwärtstendenz und dann allmählich mehr auf der Stelle. Vorrangig ist der Takt, erst dann achtest du auf Ausdruck.

● Mach dir das vorzügliche *Gedächtnis des Pferdes* zunutze, es wird sich das Lob (Hand, Stimme oder Leckerbissen) nach einer gelungenen Übung genau merken und beim nächsten Mal eifrig bemüht sein, seine Sache wieder so gut wie möglich zu machen.

● *Stimme dein Pferd immer wieder fein auf deine Hilfen ab*, die so sparsam wie möglich sein sollen. Bestehe darauf, daß auf jede Hilfe unbedingt eine sofortige Reaktion erfolgt.

● *Gewöhne dir an, nach der Uhr zu reiten*. Nur so kannst du die einzelnen Arbeitsabschnitte, die erforderli-

21

chen Trainingsintervalle und die Gesamtzeit genau kontrollieren und einhalten.

Achte darauf Kontrolliere auch dich selbst, wo immer du kannst: Spiegel, Video und das Urteil kompetenter Zuschauer sind wichtige Hilfsmittel.

● *Vermeide Überforderungen deines Pferdes*, und vergiß nicht, daß Lust und Freude bei der Arbeit Motivation (Antrieb) für Bestleistungen und Leichtigkeit von Pferd und Reiter sind.
● Beachte auch alle gesundheitlichen Aspekte: Laß vom Tierarzt regelmäßig Impfungen, Wurmkuren und eine Kontrolle der Zähne durchführen. Durch Blutuntersuchungen kann man Mangelerscheinungen bei der Ernährung oder Blutwürmer feststellen. *Sorge mit möglichst viel Luft, Licht und Bewegung dafür, daß alle Körperfunktionen in Ordnung bleiben*, und vermeide Staub in jeder Form. Oft bedürfen auch Art und Menge des Kraftfutters einer Kontrolle und Regulierung. In der Regel wird zuviel Kraftfutter bei zu kurzer Bewegungszeit gefüttert. Mache es dir zur Regel, Beine, Hufe und Sattellage zu kontrollieren.

Denke daran Nur ein gesundes Pferd ist ein zufriedener und leistungsfähiger Partner.

1.3. Mentales Training

Beschreibung

(Anm.: Viele Inhalte und Übungen stammen aus Gesprächen, Vorträgen und Demonstrationen von Prof. Dr. Eberspächer, Heidelberg)

Mentales Training ist eine Lern- und Trainingsmethode, durch die körperliche Leistungen über mentale (psychisch-rationale Vorgänge) gesteuert und verbessert werden. In fast allen Sportarten sind mit Hilfe dieser Methode in den letzten Jahren große Erfolge erzielt worden.
Mentales Training kann nur dann wirklich effektiv sein, wenn du es langfristig und intensiv ausprobierst und einübst. Das ist wie bei jedem anderen Training auch: Wenn du erst kurz vor einer Prüfung oder einem Wettkampf damit beginnst, wird es wenig Wirkung zeigen.
Für einen Wettkampf und die Vorbereitung auf ihn verschafft dir das mentale Training große Vorteile. Die Fähigkeit der Bewegungsvorstellung ermöglicht es dir, über den »inneren Film« Bewegungen ablaufen zu lassen, so oft du es willst und ohne dein Pferd unnötig zu strapazieren. Durch gezielte Schulung deiner Konzentration gelingt es dir, dich vor störenden Einflüssen »abzuschotten«, deine Energie und dein Können während der Aufgabe optimal einzusetzen. Die positive Einstellung schließlich hilft dir dabei, Patzer »wegzustecken« und Nervosität zu vermeiden, weil du dir im klaren darüber bist, daß du bestimmte Dinge kannst und auch unter anderen Bedingungen, auf allen Plätzen der Welt, schaffen wirst.
Mentales Training ist jedoch nicht nur ein Schlüssel zum Erfolg, sondern ermöglicht dir auch mehr Freude am Reitsport. Durch die Schulung deines Körpergefühls empfindest du die Bewegung des Pferdes bewußter und intensiver. Du lernst »hineinzuhorchen«, dich einzufühlen und deine Hilfen immer feiner abzustimmen. Weil du gelernt hast, dein Gefühl und deine Einwirkungen über den Kopf zu kontrollieren und zu verbessern, wirst du Fortschritte verzeichnen, die dir Freude machen und gar nicht unbedingt durch Turniererfolge bestätigt werden müssen.

Wirkungsbereiche

Fünf wichtige Wirkungsbereiche des mentalen Trainings sollen hier angesprochen werden:
1. Entspannung: Du lernst, dich in jeder beliebigen Situation systematisch zu entspannen und dadurch optimale Voraussetzungen für das Funktionieren deines Körpers zu schaffen. Diese Fähigkeit kommt dir

vor allem in schwierigen oder ungewohnten Situationen, bei Streß und im Wettkampf zugute.

2. Körpergefühl: Du lernst, jeden Teil deines Körpers bewußt zu empfinden und dadurch besser zu beherrschen.

3. Bewegungsvorstellung: Du lernst, Bewegungsvorgänge so genau und plastisch in deinem Inneren ablaufen zu lassen, wie sie sich in Wirklichkeit abspielen. Das geht so weit, daß dein Körper mitreagiert, du also allein durch die Vorstellung einer Bewegung diese konkret ausführst.

4. Konzentration: Du lernst, dich in jeder beliebigen Situation absolut zu konzentrieren und dich nicht von Störfaktoren ablenken zu lassen. Du versuchst, für den Zeitraum einer gestellten Aufgabe Umwelteinflüsse oder persönlichen Ärger auszublenden.

Du trainierst auch das »Wegstecken« von Fehlern. Reite nach einer verpatzten Lektion weiter und konzentriere dich ausschließlich auf die kommende Lektion.

5. Positive Einstellung (Selbstbewußtsein): Du lernst, positiv zu denken und ein gesundes Selbstbewußtsein zu entwickeln. Mache dir klar, was du kannst — und sei ruhig ein wenig stolz darauf. So wirst du dir Dinge, die du (noch) nicht kannst, eher zutrauen. Die Ziele, die du dir setzt, müssen allerdings in vernünftiger, selbstkritischer Relation zu den Möglichkeiten stehen. Formuliere auch das, was du erreichen willst, stets positiv: Du sagst dir also nicht, was du nicht tun darfst, sondern, was du tun mußt, nicht was falsch, sondern wie es richtig ist.

Praktische Übungen und Beispiele

1. Entspannung

Eine gewisse Anspannung und Erregung, die zu der bekannten Adrenalinausschüttung im Blut führt, ist notwendig: Sie ermöglicht erst maximale Leistungen in besonderen Situationen wie Prüfungen und Wettkämpfen. Wird jedoch die Anspannung zu groß, so treten Verkrampfungen mit ihren typischen Symptomen auf: Schwitzen unter den Armen, in den Händen, flaches, schnelleres Atmen und sogar Herzklopfen. Diese Verkrampfungen wirken leistungshemmend und führen zu verminderten und falschen Reaktionen. Für eine solche Situation brauchst du nun eine wirksame Entspannungsübung, auf die du dich verlassen kannst.

Die im folgenden beschriebene Schulter-Atmungs-Übung hat sich als ausgezeichnete Entspannungsübung bewährt: Sie hat sich in den größten Streßsituationen, wie sie bei Weltmeisterschaften und Olympiaden auftreten, als sehr wirksam und hilfreich erwiesen. Sie kann aber — wie die anderen Übungen auch — nur dann zum Erfolg führen, wenn du sie intensiv und über längere Zeit vor dem Wettkampf übst.

Gehe die einzelnen Schritte durch und probiere sie aus:
● Ziehe beide Schultern in Richtung Ohren hoch — noch höher
● Laß sie langsam wieder herabsinken.
● Ziehe nun die Schultern noch einmal ganz nach oben zu den Ohren, atme dabei tief ein und halte sechs bis sieben Sekunden lang Atem und Schultern an.
● Zähle mit: 21, 22, 23, 24, 25, 26 — atme langsam aus und laß dabei die Schultern langsam herabsinken.

Schon nach einigen Übungen merkst du, wie deine Muskeln sich entspannen und du dich wohlfühlst. Diese Übung kostet nicht viel Zeit: Du kannst sie praktisch überall im Sitzen oder Stehen durchführen. Nach einiger Zeit kannst du dir ihre entkrampfende, entspannende Wirkung auch in Streßsituationen wie Prüfungen oder Wettkämpfen zunutze machen.

Auf dem Pferd führst du diese Entspannungsübung zuerst im Halten

23

und dann im Schritt aus. Sobald du feststellst, daß du auf diese Weise auch in Streßsituationen Verkrampfungen abbauen kannst, beginnst du damit, die Übung zu verkürzen. Beim ersten Anzeichen einer Verkrampfung atmest du bewußt und tief aus; bald wirst du spüren, daß alleine dadurch wohltuende Entspannung wirksam wird.

In ihrer verkürzten Form kannst du diese Atemübung jederzeit im Wettkampf, etwa in der Dressuraufgabe, im Parcours oder in einer theoretischen Prüfung erfolgreich anwenden.

2. Körpergefühl

Ein ausgeprägtes Körpergefühl ist gerade für den Reitsport eminent wichtig, weil du nur über ein feines Empfindungsvermögen Gang und Haltung des Pferdes, Lektionen, Sitz und Einwirkungen optimal kontrollieren und ausfeilen kannst.

Die Korrekturen deines Reitlehrers mögen kurzfristig wirksam sein, sie nützen jedoch auf Dauer nichts, wenn du nicht gelernt hast, das, was er meint, selbst nachzufühlen, zu überprüfen und zu verbessern. Die Ausbildung eines sensiblen und präzisen Gefühls für das Funktionieren des eigenen Körpers ist zwar nicht einfach — aber erlernbar!

Wichtig: Bevor du damit beginnst, deinen Körper durchzufühlen, muß er frei von Verkrampfungen sein, die ihn blockieren, also sich im Zustand der Entspannung befinden (s. o.).

Beginne damit, einzelne Körperteile bewußt zu fühlen, z. B. jeden einzelnen Finger deiner rechten, dann deiner linken Hand, oder die Zehen — einzeln und nacheinander. Den meisten gelingt das erst, wenn sie diese Gliedmaßen bewegen. Das ist also durchaus normal! Es bedarf einer gewissen Übung, bis es dir gelingt, den gewünschten Körperteil auch ohne Bewegung sofort fühlbar zu machen.

Trainiere dann dein Empfindungsvermögen für größere Muskelpartien: Schulter, Ober- und Unterarme, Oberschenkel und Waden. Erfahre auch das Fühlen dieser Partien über intensive Bewegung.

Fühle auf diese Weise nach und nach deinen ganzen Körper von oben nach unten durch. Dazu gehören auch die Gelenke wie Genick, Hüft-, Hand- und Fußgelenke. Lege besonderen Wert auf das Erfühlen des Bewegungszentrums, der Hüften.

Probiere das alles zuerst ohne Pferd aus, im Sitzen oder im Liegen. Versuche dasselbe dann im Sattel während des Haltens, beim anfänglichen Schrittreiten oder in den Schrittpausen. Kontrolliere dabei zugleich wesentliche Punkte von Sitz und Einwirkung, z. B. die Lage deiner Unterschenkel, das Ausmaß des Schenkeldrucks beim Treiben, fühle deine Ringfinger und deine Hände in ihrer Verbindung zum Pferdemaul.

Nutze später auch im Trab, im Galopp und bei den einzelnen Lektionen jede Gelegenheit, um dein Körpergefühl zu verfeinern und damit den Bewegungsablauf zu kontrollieren und zu verbessern.

Je besser es dir gelingt, die Empfindungen bei einer gelungenen Übung bewußt zu erfahren und nachzuerleben, desto leichter wird es dir, sie genau so noch einmal zu reiten. Der Erfolg bleibt dann nicht ein zufälliger Moment, sondern wird Bestandteil deiner Erfahrung, die du stets wieder abrufen kannst.

Darin liegt auch die wichtigste Funktion deines Lehrers: Er hilft dir dabei, das Gefühl für deinen Körper und die Bewegungen des Pferdes zu sensibilisieren. Er überprüft von unten Sitz und Einwirkungen, Takt, Schwung, Rückentätigkeit, Anlehnung, Durchlässigkeit, Versammlung und die Durchführung einzelner Lektionen und vermittelt dir das Gefühl für die korrekte Ausführung.

Durch Nachfragen und Nachempfinden lassen festigt er richtige Erfahrungen und befähigt dich zu immer mehr Eigenkontrolle.

3. Bewegungsvorstellung

Du erlernst die Fähigkeit, dir Bewegungsabläufe so genau vorzustellen, als ob du sie wirklich ausführst. Dabei reagieren Nerven, Muskeln, Bänder und Sehnen in feinerer Form auf dieselbe Art und Weise wie beim in Wirklichkeit ablaufenden Bewegungsvorgang. Und das Faszinierende daran ist, daß du im Ernstfall genau so reagierst, wie du es dir mental vorgestellt hast!

Du reitest also innerlich (mental) in allen Einzelheiten einen Parcours oder eine Dressuraufgabe und drückst alles, was du dabei tust, in Worten (verbal) aus. Das ermöglicht dir ein Höchstmaß an Eigenkontrolle und einem Trainer die genaue Überprüfung deines Verhaltens. Du lernst, gelungene Übungen mit geschlossenen Augen nachzuempfinden und danach in ebenso gelungener Form zu wiederholen.

Eine verkürzte Formel für den richtigen Bewegungsablauf hilft dir während des Reitens, die Übung genau so wieder auszuführen. Du trainierst die Fähigkeit, alles, was du in der Praxis tust, im voraus und im nachhinein wie einen inneren Film in allen spezifischen Einzelheiten zu sehen und zu fühlen und dir dabei bestimmte Konzentrationspunkte einzubauen.

Vorübungen

● Du beginnst damit, dir an einem ruhigen Platz einfache, erlebte Bilder vorzustellen, z.B. den Anblick eines bestimmten Hauses, eines Sees oder Flusses.

● Dann versuchst du, dir so genau wie möglich ein Erlebnis mit vielen Sinneseindrücken vorzustellen: Du schließt die Augen und stellst dir etwa folgendes vor: Du liegst am Meer. Du siehst das Meer in einer bestimmten Farbe, du fühlst deinen entspannten Körper in der angenehm warmen Sonne. Du fühlst den Sand unter dir und hörst die Wellen.

● Finde dabei heraus, welcher Sinneseindruck am stärksten war. Wenn z.B. der optische Eindruck, etwa die Farbe des Meeres, am intensivsten ist, dann weißt du, daß das, was deine Augen sehen, später auch deine Bewegungsvorstellung am nachhaltigsten unterstützen wird. Du kannst dir also einen Bewegungsablauf am besten und deutlichsten mit Hilfe optischer Eindrücke vergegenwärtigen.

Anfänglich beendest du spätestens dann deine Vorstellungsübung, wenn die Eindrücke schwächer werden. Du zwingst dich also nicht dazu, das Bild schärfer zu sehen. Das klappt mit der Zeit und durch Übung von selbst immer länger und besser. Du beendest deine Übung, indem du tief durchatmest und die Augen öffnest. **Merke dir**

Übungen mit Bewegungsvorstellungen

● Fange an mit einfachen, kürzeren Vorstellungen von Bewegungen: Du wanderst, schwimmst, galoppierst, springst oder reitest im Gelände.

● Du steigerst mit der Zeit die Vorstellungen zu einer Aneinanderreihung von Bewegungen wie Ausschnitten einer Dressuraufgabe, Hindernisfolgen im Parcours oder im Gelände. Sage dabei, was du tust.

● Hier ist ein Beispiel zum Vorstellen und Empfinden von Übergängen vom Trab zum Schritt über vier bis fünf kurze Tritte: Lies den Abschnitt auf Seite 52 einmal durch. Schließe dabei die Augen, und stell dir folgendes ganz konkret vor, empfinde es intensiv nach: Du reitest in der gewohnten Halle, du siehst die Halle, die Buchstaben, Spiegel usw., vielleicht riechst du sogar einen typischen Geruch (Pferdeschweiß, Bodenbelag usw.). Du reitest auf der linken Hand im Arbeitstrab, fühlst, wie dein Pferd schwungvoll von hinten abfußt, deine Waden atmen nur leicht im Takt am Pferd mit, dein Pferd schwingt im Rücken, du fühlst in deinen Händen, an den Ringfingern, die leichte, gleichmäßige, elastische Verbindung zum Pferdemaul.

Jetzt federn die Waden etwas aktiver zu den stehenden, aushaltenden Händen, dabei schiebt sich dein Gesäß elastisch nach vorn. Du spürst, wie das Pferd sich durch vermehrtes Untertreten der Hinterbeine trägt und deine Waden ausfüllt, dich in die Bewegung mitnimmt. Nun will es durchparieren, du aber erhältst mit den Waden den Trabtakt und wirst mit den Händen etwas leichter. Fühle die kurzen Tritte, laß jetzt den Schritt zu, und denke an das Weitertreiben im Schrittakt.

Bei der praktischen Ausführung einer Parade vom Trab zum Schritt wirst du — vor allem in Prüfungssituationen und im Wettkampf — diesen ausführlichen Text nicht durchspielen können. Es ist deshalb wichtig, daß du ihn auf eine Kurzformel reduzierst, die du jederzeit verwenden kannst, hier etwa: Waden — aushalten — Gesäß — leichter — Schritt.

● Weite die Bewegungsvorstellungen und die anschließenden Kurzformeln auf ganze Dressuraufgaben oder Parcours aus.

● Präge dir bestimmte Punkte ein, auf die du achten willst. Du hast z.B. Schwierigkeiten mit dem Takt — dein Pferd neigt dazu, im Mitteltrab eiliger zu werden: Ecke vorher flacher reiten, schon vor der Ecke Tritte ruhig verlängern, damit der Weg bis zum Mitteltrab länger wird.

Oder: Dein Pferd neigt dazu, beim Halten zum Gruß aus dem Galopp abzustoppen, auf die Vorhand zu kommen: Du achtest darauf, frühzeitig die Parade einzuleiten, dem Pferd lieber einige Trabtritte zu gestatten, es aber hinten aufnehmen zu lassen und gerade zu halten.

Wichtig: Sage dir dabei immer was du tun willst, und nicht, was du vermeiden mußt.

4. Konzentration

Wenn du bei besonderen Ereignissen wie Prüfungen oder Wettbewerben gut sein willst, mußt du die Fähigkeit haben, dich auf die Sekunde genau auf eine Sache zu konzentrieren und alle Störfaktoren auszublenden. Diese Fähigkeit ist nicht angeboren, aber durch gezieltes Training erlernbar.

Übungen

● Beginne, wie oben beschrieben, mit einfachen Vorstellungen von Bildern und Erlebnissen. Es ist ganz normal, daß du am Anfang des Konzentrationstrainings immer wieder durch andere Gedanken, die dazwischen kommen, gestört wirst, z.B. den Streit mit den Eltern, den Ärger am Arbeitsplatz usw.

● Diese querschießenden Gedanken versuchst du nicht zu verdrängen (sonst werden sie immer stärker), sondern du verschiebst sie auf später: Du schreibst in deiner Vorstellung die querschießenden Gedanken auf einen Zettel, den du in deinen »Problem-Briefkasten« wirfst. Dabei versprichst du deinem Ich, dich mit diesem Problem später zu befassen. Halte das Versprechen aber unbedingt ein!

● Du steigerst die Bewegungsvorstellungen bis zu komplexen Bewegungsfolgen wie Aufgaben und Parcoursverläufen. Trainiere dies mit Störfaktoren: bei Radiomusik, mit Kopfhörer, unter anderen Menschen, die sich im selben Raum unterhalten usw.

● Nimm dir mit dem Pferd zu ganz bestimmten Zeiten Aufgaben vor, in denen du auch unter widrigen Umständen den Ernstfall simulierst: z.B. bei schlechtem Wetter, ungünstigen Bodenverhältnissen, vor kritischen Zuschauern, bei Lärm und flatternden Plastikbändern. Stelle dir dabei vor, dies sei eine wichtige Prüfung, an der dir sehr viel liegt. Je stärker dein Konzentrationsvermögen ist, desto freier werden Kopf und Verhalten für unvorhergesehene Situationen, in die dich die Reaktionen deines Pferdes bringen können.

● Wenn dir ein Fehler unterläuft, versuche, ihn sofort zu vergessen. Konzentriere dich auf die kommende Lektion, auf das nächste Hindernis. Mach das Beste daraus, selbst wenn dein Pferd sich dabei gar nicht gut anfühlt! Laß dich auch nicht ablenken durch den Gedanken an eine Übung, die später kommt und dir Schwierigkeiten macht.

Merke dir Die wichtigste Aufgabe ist immer die nächste, unmittelbar folgende!

5. Positive Einstellung
(Selbstbewußtsein)

Für jede Art von Lernen und Leistung ist der eigene Antrieb (Motivation) ein entscheidender Faktor. Was man wirklich erreichen will, kann man meist sogar gegen größere Schwierigkeiten in die Tat umsetzen!

Dazu gehört aber neben dem Antrieb ein gesundes Selbstbewußtsein. Du mußt dir klarmachen, was du *kannst*. Das gibt dir den Mut, auf Dinge hinzuarbeiten, die du (noch) nicht kannst. Sage dir z. B.: Das habe ich zu Hause immer hingekriegt, warum soll es dann nicht auch auf jedem anderen Platz der Welt klappen!

Gewöhne dir an, deine Ziele positiv auszudrücken, nicht als Verbote, sondern als Gebote. Du denkst also z. B. bei der Traversale *nicht* »Ich darf mit dem Gewicht nicht nach außen verrutschen«, *sondern*: »Ich schmiege mich mit dem Sitz nach innen in die Bewegung ein.«

Merke Sage nie, das darf ich *nicht* tun, das mache ich immer *falsch*. Präg dir statt dessen ein: *So* muß ich es machen, das ist *richtig*! Das gilt auch für den Trainer, der nicht einfach sagen sollte, daß etwas falsch ist. Er bringt den Schüler nur weiter, indem er ihm konkrete Hinweise dafür gibt, was er tun muß, um es richtig zu machen.

Selbstbewußtsein darf aber nicht mit Selbstüberschätzung verwechselt werden. Selbstkritik gehört notgedrungen dazu! So muß das Ziel, das du dir setzt, auch erreichbar sein. Die Relation zwischen Wollen und Können muß stimmen. Ist dies nicht der Fall, so führt das zu Mißerfolgen, die deinem Selbstwertgefühl und deinem Antrieb nur Schaden zufügen.

Allerdings sind Mißerfolge (im normalen Rahmen!) auch ein wesentlicher Bestandteil eines jeden Lernprozesses. Wichtig ist, daß du mit ihnen zurechtkommst, sie als positiven Anstoß für die Verbesserung deiner Leistung sehen kannst. Das gelingt jedoch nur, wenn du nicht allein deine Fehler siehst und mit ihnen deine gesamte Leistung in Bausch und Bogen als negativ abtust. Mach dir auch nach einer verpatzten Aufgabe klar, was gut und richtig war (du wirst mehr Punkte finden, als du glaubst, wenn du das ernsthaft und ehrlich tust). Versetze dich in eine positive Grundeinstellung, von der aus du deine Fehler nüchtern und gewinnbringend analysieren kannst. Indem du nicht alles pauschal verurteilst, wird dir erst der Kopf frei für die entscheidenden Punkte, aus denen du für die Zukunft lernen kannst.

Du fragst dich, was die Ursachen für den oder die Patzer waren: Lag es an den äußeren Umständen — waren unruhige Zuschauer, laute Musik oder Bodenverhältnisse schuld? Du wirst es herausfinden und im Training versuchen, entsprechende Umstände einzubeziehen.

Warst du vielleicht selbst nicht konzentriert genug, war deine mentale Vorbereitung nicht ausreichend? Du wirst daran arbeiten. Lag es an der Vorbereitung des Pferdes, das einzelne Lektionen zwar zu Hause unter optimalen Bedingungen schon ging, aber noch nicht gefestigt genug war? Du wirst diese Lektionen verbessern und festigen.

Hast du dein Pferd beim Abreiten »überzogen«, also zuviel verlangt, so daß es während der Aufgabe nachließ? Du wirst deine Abreitetechnik überdenken und ändern.

Es gibt viele ähnliche Einzelheiten, die du mit kühlem Kopf feststellen und aus denen du positive Schlüsse ziehen kannst. Gerade das gelingt nur, wenn du genügend Selbstbewußtsein aufbringst, um nicht mit ein paar Fehlern deine ganze Arbeit in Frage zu stellen.

Rufe dir Ablauf und Stimmung des Tages, an dem du besonders erfolgreich warst, ins Gedächtnis zurück. Sicher lagen gerade hierin wichtige Voraussetzungen für deinen Erfolg.

Finde zudem heraus, welche Umstände vor einem Start für dich am günstigsten sind: Rummel oder Ruhe? Der eine möchte in dieser Situation nicht einmal angesprochen werden und sich in den letzten Minuten vor dem Start in völliger Abgeschiedenheit auf die Aufgabe konzentrieren. Der andere empfindet es als willkommene Ablenkung, wenn er mit möglichst vielen über alles mögliche reden kann. Ein dritter setzt sich den Kopfhörer auf und hört Musik. Der nächste wieder stimmt sich aggressiv ein, weil er eine gewisse Kämpferhaltung braucht, um das Beste zu leisten.

Probiere auch das Verladen vor dem ersten Turnier aus.

Wichtig: Du mußt herausfinden, welche Bedingungen für dich persönlich am geeignetsten sind. Auch dafür brauchst du ein gesundes Selbstbewußtsein, das dich in die Lage versetzt zu sagen: Gleichgültig, was die anderen tun oder raten — für mich ist es *so* am besten, nur *ich* kann letztlich beurteilen, unter welchen Voraussetzungen ich optimale Leistungen bringen kann.

1.4. Turniervorbereitung

Freude und Erfolg wirst du auf Turnieren nur dann haben, wenn du bei der Vorbereitung an alle Einzelheiten gedacht hast.
● *Verschaffe dem Pferd die nötige Kondition*, die es auf dem Turnier für das Abreiten, die Prüfung selbst, evtl. eine zweite Prüfung und eine vielleicht längere Anfahrt braucht.

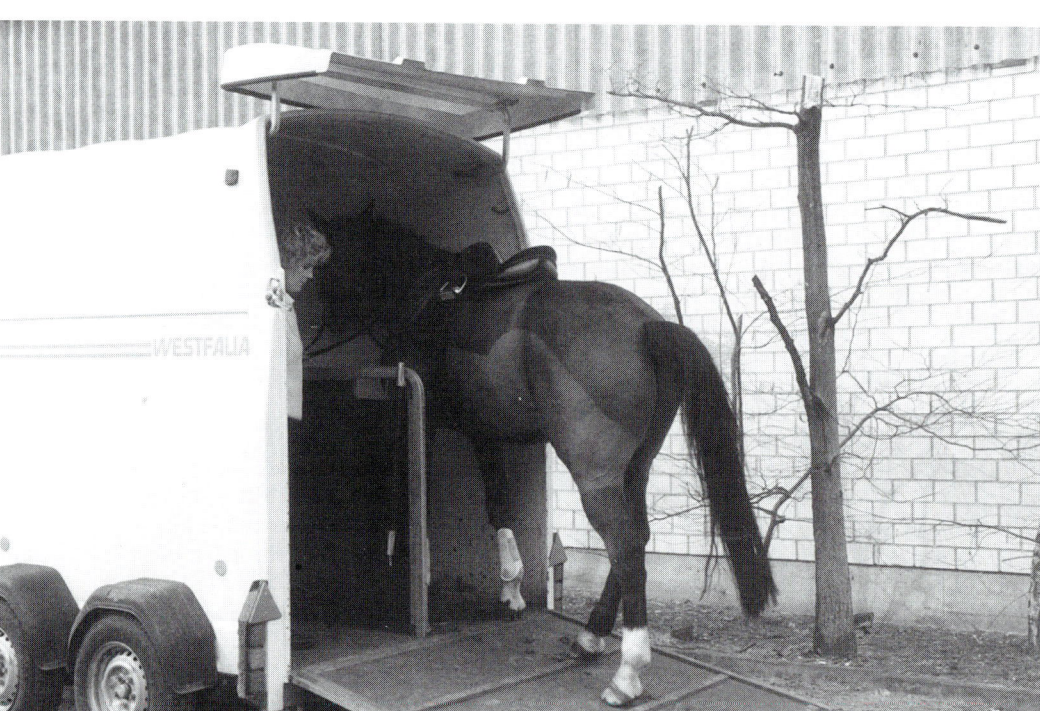

● *Reite normalerweise mit Trense* und in der Vorbereitungszeit ein- bis zweimal in der Woche mit Kandare, damit dein Pferd fein im Maul bleibt.

● Bei einem Pferd, das noch keine Turniererfahrung hat oder besonders empfindlich ist, solltest du im Training die *Turniersituation möglichst vollständig simulieren*: z. B. unruhige Zuschauer, flatternde Plastikbänder, eingeflochtene Mähne und die Verwendung von Insektenspray. Sehr bewährt hat es sich, vorher auf fremden Plätzen zu trainieren. Probiere auch deine Turnierkleidung und evtl. eine besondere Turnierausrüstung für dein Pferd mehrmals zu Hause aus.

● Ungewohnte Bodenverhältnisse (tiefer, rutschiger oder unebener Boden) sind eine zusätzliche Erschwernis. *Versuche deshalb schon zu Hause, auf möglichst verschiedenen Bodenarten zu reiten.*

Merke dir die Reihenfolge der Buchstaben im Dressurviereck.

Denke daran

Trainiere auch einmal im Regen, damit du weißt, wie das Pferd darauf reagiert.

● *Finde die Zeit für das Abreiten und die effektivste Technik heraus.* Übe dies zu Hause. Für das Turnier selbst planst du die Abreitezeit eher großzügig als zu eng ein: Nimm dir auf dem Turnier 20 bis 30 Minuten mehr Zeit — Schrittpausen können immer eingelegt werden, falls die Zeit sich als zu lang erweist.

● *Probiere auch das Verladen vorher aus,* damit du dir im Ernstfall für ein schwieriges Pferd genügend Zeit und Ruhe nehmen kannst. Fahre eine fremde Strecke zum Turnierplatz vorher ab, um Umwege und Irrfahrten mit dem Hänger zu vermeiden — sie machen dich nervös und belasten das Pferd zusätzlich.

● Berechne ein, daß die meisten Pferde auf dem Hänger keinen Harn lassen, also nach dem Ausladen dafür entsprechend Zeit brauchen.

● *Lerne die Dressuraufgabe stets auswendig,* damit du dich beim Reiten völlig auf die verlangten Übungen konzentrieren kannst und nicht etwa auf die Informationen durch den Vorlesenden angewiesen bist.

● Berücksichtige bei der Vorbereitung zu Hause die folgenden Punkte: Übe die verlangten Lektionen zuerst einzeln, und setze sie dann allmählich zur Gesamtaufgabe zusammen. Benutze dabei unbedingt ein Dressurviereck mit Buchstaben.

● Da es für die Anordnung der Buchstaben keine Erklärung gibt, kann dir folgende »Eselsbrücke« helfen: »**M**ein **B**ester **F**reund **A**nton **K**ann **E**inen **H**eben.« So kannst du dir leicht die Reihenfolge der Buchstaben merken, wenn du von **C** im Uhrzeigersinn ausgehst.

● Übungen wie das Halten bei X oder fliegende Wechsel (vor allem auf der Diagonalen bei X im Mittelgalopp) solltest du nicht zu oft an derselben Stelle, am Punkt, reiten, da dir das Pferd sonst leicht zuvorkommt bzw. sich »auflädt«. Auch die gesamte Aufgabe sollte daher nicht

Wenn dir zu hause kein Viereck mit den korrekten Maßen zur Verfügung steht, kannst du dir selbst eins anlegen: Du steckst ein Quadrat von 20 x 20 m ab, bei dem die Diagonale mit 28,28 m ausgemessen wird. Diesem Quadrat fügst du ein zweites mit denselben Maßen hinzu, für ein 60er-Viereck entsprechend ein drittes.

20

20

20

20

20

28,28

28,28

20

zu oft (auf gar keinen Fall täglich) geübt werden.

● Beziehe beim Training die Mittellinie als Arbeitslinie mit ein. Diese Linie sollte für dein Pferd nichts Außergewöhnliches sein.

● Für das Vorbereitungstraining und die abschließende Prüfungsbesprechung haben sich Videoaufnahmen gut bewährt.

● *Fahre dich nie fest*, indem du noch fehlerhafte Übungen zu oft hintereinander übst. Du verbesserst dadurch die Fehler nur selten und bewirkst im Gegenteil bei dir und dem Pferd Überdruß, Verkrampfungen und Nervosität. Baue diese Übungen lieber immer wieder einmal zwischen andere Übungen ein, und gib dich mit schrittweisen kleinen Fortschritten zufrieden.

● *Finde heraus, was dich in eine positive Wettkampfstimmung versetzt,* also besonders konzentriert und leistungsstark macht. Mach dir klar, ob du z. B. vor dem Start absolute Ruhe haben mußt oder ob es besser ist, wenn du dich vorher unterhältst oder dir von deinem Trainer noch letzte Tips geben läßt.

Wichtig: Auf dem Turnier selbst gehst du am besten vor dem Dressurviereck die Aufgabe noch einmal intensiv in Gedanken durch (veränderte räumliche Vorstellung!). Baue dir dabei entsprechende Konzentrationspunkte ein (z. B.: jetzt in der Ecke sauber stellen und biegen für die folgende Traversale).

● *Lege dich beim Reiten der Aufgabe auf dem Viereck nicht mit deinem Pferd an,* wenn es eine Übung nicht ganz korrekt ausführen sollte. Reite die Hinterhandwendung oder die Pirouette im Galopp lieber etwas größer, als ein Stehenbleiben zu riskieren.

● Wenn das Pferd von der Umwelt irritiert ist und »guckt«, versuche, es sauber nach innen zu stellen, reite lieber einen bis zwei Schritte weiter innen vorbei, als es zu einem Zweikampf kommen zu lassen. *Geübt und korrigiert wird beim Training zu Hause,* auf dem Turnier sind kleine Kompromisse erlaubt.

Gut vorbereitet ist halb geritten!

Rechts: Die lösende Arbeit beginnt im Schritt am langen oder mit hingegebenem Zügel

Merke dir

2

Grundlagen-arbeit

2.1. Longieren

Fachgerechtes Longieren ist ein wichtiger Bestandteil der Ausbildung. *Das erste Ausbildungsstadium des jungen Pferdes ist die Arbeit an der Longe,* wo es ohne Belastung durch das Reitergewicht lernt, seinen natürlichen Takt wiederzufinden, sich loszulassen und auszubalancieren.

● Auch *junge Pferde,* die bereits unter dem Reiter gehen, solltest du anfangs nicht ausschließlich reiten, sondern zumindest zum Lösen ablongieren.

● Longieren ist auch ein gutes Mittel, das *ältere Pferd* vor dem Reiten zu lösen, besonders dann, wenn es sich anfangs im Rücken festhält oder zu eilig geht.

● *Longieren hilft zudem bei Pferden mit Anlehnungsschwierigkeiten* (Unstetigkeit, vorzeitiges Abknikken, Widerstand im Genick). Du wirst sie durch Longieren am leichtesten dazu bringen, ans Gebiß heranzutreten. Dasselbe gilt für Pferde mit empfindlichem bzw. schwachem Rücken oder stark verspannter Rükkenmuskulatur.

● *Ältere Pferde, die das Longieren*

gewohnt sind und denen du lediglich zusätzliche Bewegung verschaffen willst, kannst du auch am Halfter longieren. Das gibt dir zudem die Gelegenheit zu beobachten, wie sie sich ohne Reiter benehmen und bewegen – eine gute Kontrolle für deine Arbeit unter dem Sattel.

● Das Longieren am Halfter ist auch eine geeignete Möglichkeit, Pferde zu bewegen, die eine Verletzung in der Sattellage haben.

● *Longieren als Arbeitsmethode* jedoch ist *nur mit dem richtig ausgebundenen Pferd* möglich.

● *Wenn du selbst aus gesundheitli-*

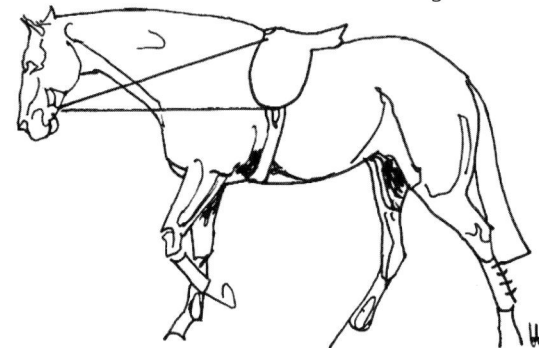

chen Gründen nicht reiten kannst, hast du die Möglichkeit, dein Pferd an der Longe, u.U. verbunden mit Handarbeit, weiter zu arbeiten.

● Konnte dein Pferd aufgrund einer Verletzung oder Krankheit eine Zeitlang nicht bewegt werden, solltest du es zuerst longieren, bevor du es wieder mit dem Reitergewicht belastest.

● Zum _Handwerkszeug_ gehören eine Longe, eine Longierpeitsche, ein Paar Ausbinder (achte beim Kauf auf gleiche Lochabstände!), Sattel und Trense. Statt der Ausbinder kannst du auch den sogenannten _Dreieckszügel_ verwenden.

● Der _Sattel_ ist dem Longiergurt vorzuziehen, weil er nicht verrutschen kann.

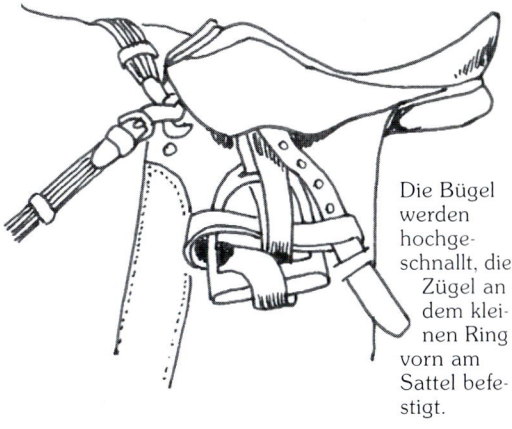

Die Bügel werden hochgeschnallt, die Zügel an dem kleinen Ring vorn am Sattel befestigt.

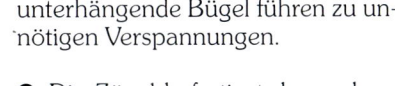

in Trensenring und Kinn- bzw. Nasenriemen einschnallen.

Die Steigbügel hochschnallen. Herunterhängende Bügel führen zu unnötigen Verspannungen.

Merke dir

● Die Zügel befestigst du an dem kleinen Ring vorn am Sattel, so behindern sie nicht.

● Binde dein Pferd so aus, daß die Nase vor der Senkrechten ist. Die _Ausbinder_ befestigst du in gleicher Höhe am Abschluß des Schweißblatts; dort werden sie durch die Gurtstrippen angepreßt und verrutschen nicht.

● Verschnalle beide _Ausbinder gleich lang._ Ist später die nötige Längsbiegung vorhanden, stellt sich

Die Ausbinder werden in gleicher Höhe am Abschluß des Schweißblattes befestigt.

Einschnallen der Longe in Trensenring und Kinnriemen

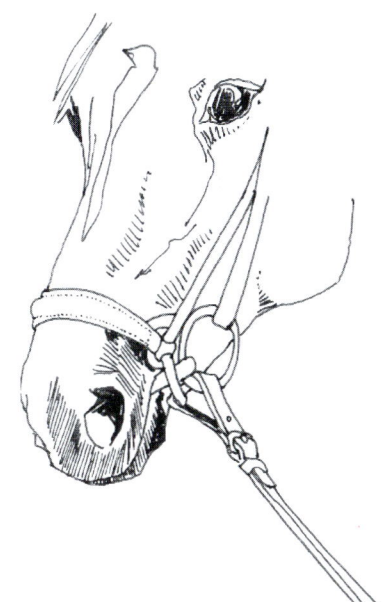

● Die _Longierpeitsche_ soll so lang sein, daß du das Pferd von der Mitte des Zirkels aus erreichen kannst. Ist das nicht der Fall, faßt du die Longe entsprechend kürzer und gehst auf kleinem Kreis mit dem Pferd mit. Wichtig ist vor allem die stetige, leichte Verbindung zum Pferdemaul.

● Bei jungen oder maulempfindlichen Pferden kannst du die Longe

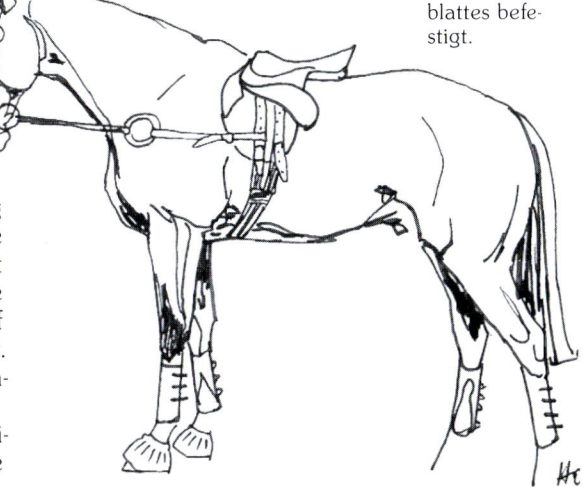

das Pferd von selbst nach innen: Der innere Ausbinder hängt dann leicht durch.

● Beim älteren Pferd kannst du nach dem Erreichen der Dehnungshaltung die Ausbinder etwas verkürzen. Im Schritt schnallst du die Ausbinder ein bis zwei Handbreit länger; besser noch: Du hängst sie ganz aus.

● Wenn keine Longierhalle vorhanden ist, solltest du dir für junge Pferde einen *Longierzirkel eingrenzen*. Dafür kannst du Strohballen benutzen, aber auch aufrecht stehende Tonnen mit darüber gelegten Stangen oder Baumstämmen sind eine gute Abgrenzung.

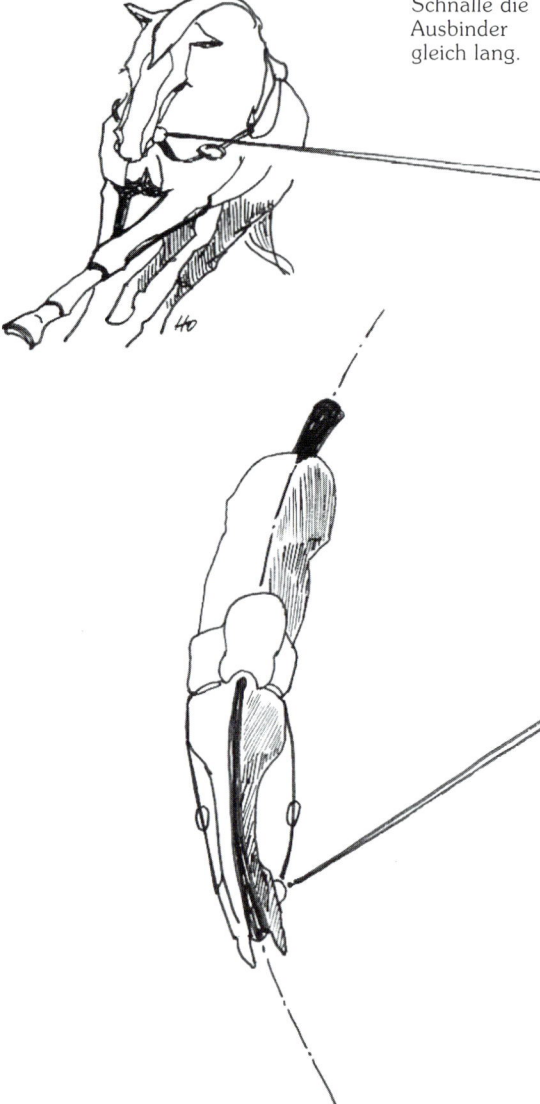

Schnalle die Ausbinder gleich lang.

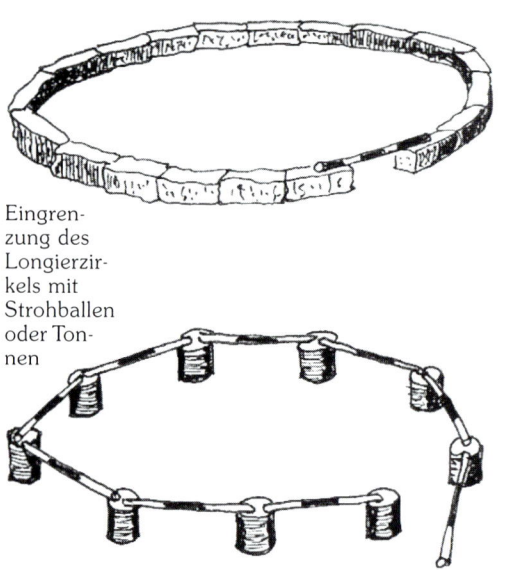

Eingrenzung des Longierzirkels mit Strohballen oder Tonnen

Merke dir Nicht empfehlenswert sind Cavalettis oder Fänge, an deren Kanten sich das Pferd verletzen könnte.

● Ältere Pferde kannst du ausgebunden auch ohne Eingrenzung longieren. Du wechselst den Platz zum Longieren immer wieder, um keine Unebenheiten in den Boden zu bekommen. Auch die Größe des Zirkels wechselst du. Um ein Pferd, das wegläuft, aufzufangen oder um es zu versammeln, verkleinerst du den Zirkel vorübergehend.

● Auf einem kleinen Kreis mitzugehen und dabei eine weiche, gleichmäßige Anlehnung mit der Longe zum Pferdemaul zu behalten, ist wichtiger, als sich mit starrer Hand auf engstem Platz zu drehen.

● Achte auf die richtige *Technik des Treibens*: Die Peitschenspitze zeigt zum Sprunggelenk und bewegt sich in Richtung Auge.

● Treibe niemals über den Takt hinaus. Wie unter dem Reiter hat der natürliche Takt absoluten Vorrang.

● Sehr wichtig ist deine *Stimme*. Setze sie sparsam ein, benutze für deine Kommandos stets denselben Tonfall und dieselben Worte.

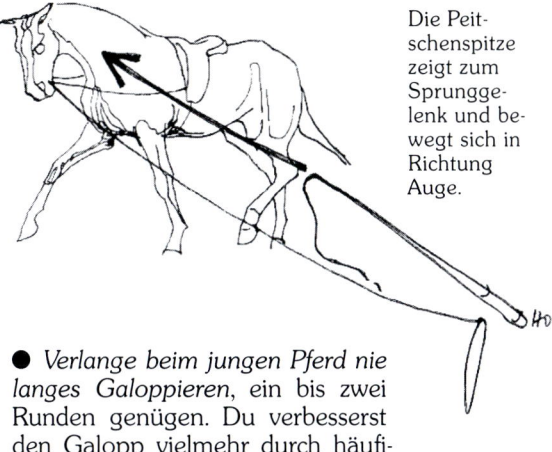

Die Peitschenspitze zeigt zum Sprunggelenk und bewegt sich in Richtung Auge.

Denke daran

Das Heben der Stimme regt an, das Senken beruhigt. Du hebst also die Stimme, wenn du eine höhere Gangart verlangst, du senkst sie zum Übergang in eine niedrigere oder zum Halten. Bestehe konsequent darauf, daß das Pferd sofort reagiert, sobald du ein Kommando gibst. Erfolgt keine Reaktion, so verleihst du der Stimme kurz mit der Peitsche Nachdruck. Danach wiederholst du das Kommando ohne Peitschenhilfe.

● Wenn dein Pferd nach der Peitsche schlägt, muß es diese sofort noch einmal spüren. Grundsatz: Der Ausbilder hat immer den letzten Schlag!
● Vergiß nicht, regelmäßig und gleichmäßig die *Hand zu wechseln.* Dafür parierst du dein Pferd auf dem Hufschlag zum Halten durch und läßt es um die Vorhand herumtreten. Dadurch wird es zugleich auf die spätere Handarbeit (Volte im Schwenken) vorbereitet.

Achte darauf

Auch an der Longe den Schritt nicht vernachlässigen. Ausreichende Schrittpausen und Schritt am Anfang und am Ende der Arbeit sind genau so wichtig wie beim Reiten.

● *Verlange beim jungen Pferd nie langes Galoppieren*, ein bis zwei Runden genügen. Du verbesserst den Galopp vielmehr durch häufiges Angaloppieren.
● Pferde, die ins Laufen geraten oder im Galopp umspringen, beruhigst du zuerst wieder im Trab. Erst nachdem sie die Balance wiedergefunden haben, läßt du sie erneut angaloppieren.

Schwierigkeiten und Tips

Dein Pferd läuft in den Zirkel hinein. **Problem**

● Treib es mit der Peitsche in Kreisbewegungen Richtung Auge nach draußen. **Tips**

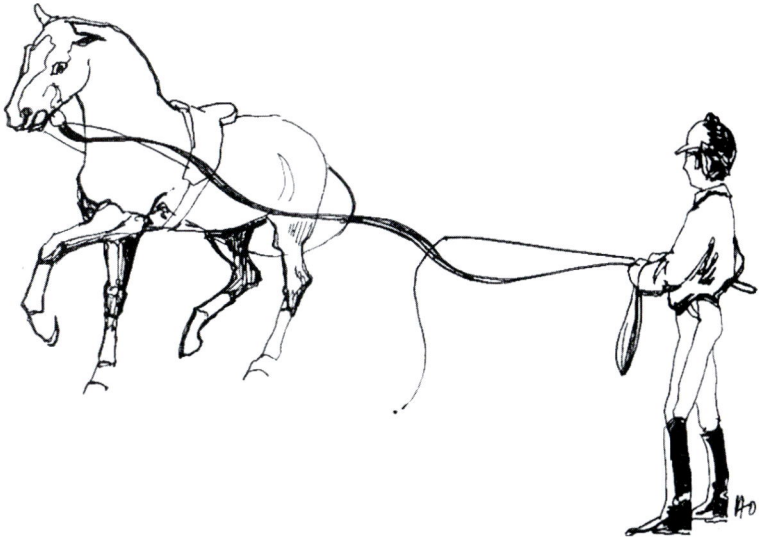

Kreisförmige Wellenbewegungen mit der Longe veranlassen das Pferd, nach draußen zu gehen.

35

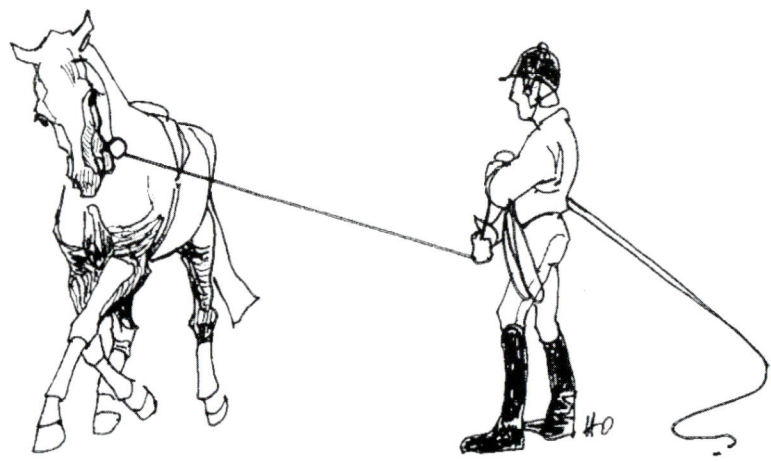

Verkleinere den Zirkel, bis das Pferd durchparieren muß.

● Auch kreisförmige Wellenbewegungen mit der Longe veranlassen das Pferd wieder, nach draußen zu gehen.

Problem Dein Pferd »lümmelt« sich aufs Gebiß, sucht eine Stütze in den Ausbindern.

Tips ● Kontrolliere die Ausbinder, die evtl. verlängert werden müssen.
● Aktiviere die Hinterbeine und veranlasse das Pferd, vermehrt über den Rücken zu gehen.

Problem Das Pferd läuft weg.

Tips ● Pariere mit beruhigender Stimme und Annehmen und Nachgeben mit der Longe durch. Erneut antraben lassen. Den Vorgang so oft wiederholen, bis Ruhe eintritt.
● Reagiert das Pferd nicht, verkleinerst du allmählich den Zirkel, bis es durchparieren muß. Danach die Arbeit auf der Zirkellinie fortsetzen.

Problem Dein Pferd macht kehrt, versucht, die Hand zu wechseln.

Tips ● Das passiert vor allem bei jungen, unerfahrenen Pferden. Pariere mit Longe und beruhigender Stimme durch. Führe das Pferd auf die richtige Hand zurück und rahme es danach gut mit Longe und Peitsche ein.

● Eventuell eine Person zu Hilfe nehmen, die das Pferd anführt.

2.2. Takt bei natürlicher Haltung

Für den ersten Ausbildungsabschnitt — die Losgelassenheit — ist diese Vorstufe Voraussetzung: *Im natürlichen Trab, einem Tempo, das unterhalb des Arbeitstrabes liegt, lernt das Pferd, sich mit dem Reitergewicht im richtigen Takt auszubalancieren.* Es geht dabei in *natürlicher Haltung*, d.h. Kopf und Hals werden frei und ohne Formung getragen. In dieser Phase ist dein Pferd noch nicht losgelassen — geht also noch nicht in Dehnungshaltung und selbstverständlich auch noch nicht am Zügel.
Zuerst an der Longe, lang ausgebunden, und dann unter dem Reiter lernt das Pferd, in allen drei Grundgangarten seinen sicheren, ruhigen Takt zu finden — einen Takt, der sich auf der Weide oder beim Freilaufenlassen gut beobachten läßt.
● *In dieser Phase wird vor allem im Trab gearbeitet.* Im Schritt läßt du

36

Natürliche
Haltung

Wichtig: Laß auch beim Lösen anfangs die natürliche Haltung zu. Forme nicht mit der Hand, sondern warte mit leichtem, beständigem Kontakt zum Pferdemaul ab, bis dein Pferd sich durch lösende Übungen über den schwingenden Rücken von selbst an die Hand dehnt.

Im Schritt mit hingegebenem oder am langen Zügel: Vermeide das Blockieren mit der Hand (unten).

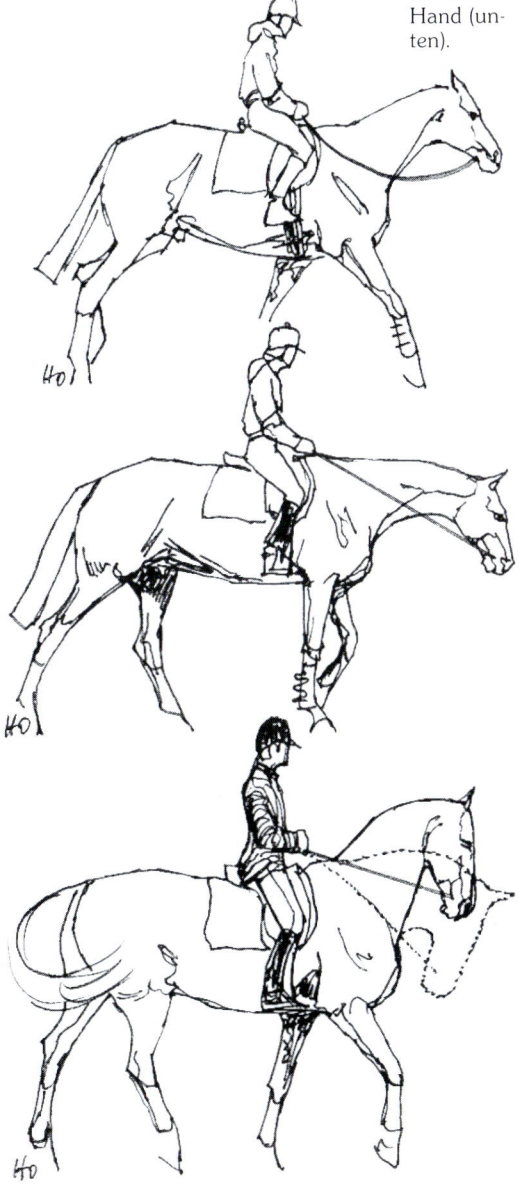

das Pferd am langen oder mit hingegebenem Zügel — also mit völliger Halsfreiheit — gehen. Ein Blockieren mit der Hand kann zum Verlust des Raumgriffs oder zu Taktstörungen führen: Fehler, die später kaum mehr zu beheben sind. Kümmere dich nicht um die Haltung im Schritt. Später, wenn sich das Pferd im Trab und Galopp an die Hand dehnt, wird sich die Dehnungshaltung ganz von selbst auch im Schritt einstellen.

● Wenn dein Pferd im Trab sicher im Takt ist, förderst du den Takt im Galopp durch häufige Übergänge zwischen Trab und Galopp. Vermeide während dieser Phase langes Galoppieren.

● Geht das Pferd im Trab den natürlichen Takt so gleichmäßig und sicher wie ein Uhrwerk, dann kommst du durch mehr Schwung im gleichen Takt zum Arbeitstrab. Nun erst kann mit der eigentlichen lösenden Arbeit begonnen werden.

Merke dir *Das Tempo darf nie auf Kosten des Taktes gehen.* Wenn dein Pferd eilig wird, mußt du das Tempo wieder zurücknehmen. Der Takt ist immer vorrangig. Auch für viele Korrekturpferde gilt: zuerst bei natürlicher Haltung den Takt in Ordnung bringen.

2.3. Losgelassenheit

Beschreibung: Losgelassenheit ist die Grundlage für jede weitere Anforderung, gleichgültig, welche speziellen Ziele sich der Reiter gesetzt hat. Losgelassenheit nennen wir den Zustand, in dem die Muskeln ohne Verkrampfung arbeiten: Der Kreislauf ist angeregt, die Durchblutung verstärkt (Erwärmung), das Pferd ist angstfrei und zufrieden. *Losgelassenheit erreichen wir durch Lösen, also die Erwärmung und Lockerung der gesamten Muskulatur.* Kein vernünftiger menschlicher Athlet würde aus dem Kaltstart heraus irgendwelche besonderen Leistungen versuchen!

● *Vorgehen: Wenn das Pferd aus dem Stall oder vom Hänger kommt, beginnst du die Arbeit mit zehn Minuten Schritt* am langen oder mit hingegebenem Zügel (Erwärmung und Bildung von Gelenkschmiere). Danach trabst du leicht, im taktmäßigen Arbeitstempo, auf dem Zirkel und ganze Bahn. Ein eher gehlustiges Pferd reitest du gleich auf dem Zirkel, ein fauleres zuerst ganze Bahn, denn: Zirkel beruhigt — ganze Bahn regt zum Vorwärtsgehen an!

● Runde beim Lösen die Ecken ab (kurze Seite als halben Zirkel reiten), da dein Pferd die für ein korrektes Ausreiten der Ecken erforderliche Biegung (Viertelsvolte) noch nicht haben kann. Denk an das regelmäßige *Handwechseln* (alle 4–5 Minuten). Geh nach der Trabarbeit zum Arbeitsgalopp über (evtl. auch im leichten Sitz), reite häufige Übergänge zwischen Trab und Galopp, mach dein Pferd auf großen gebogenen Linien gleichseitig geschmeidig (Biegearbeit).

Manche Pferde lösen sich im Galopp besser als im Trab — warum mit ihnen nicht früher oder mehr galoppieren? Wichtig ist nur, daß das Ziel erreicht wird: Losgelassenheit.

Übrigens

Am Anfang reitest du 10 Min. Schritt.

Auf dem Zirkel gebogenes Pferd

Reiten im Gelände als lösende Übung

● ein frischer Trab oder Canter auf Waldwegen oder über freies Feld
● Longieren
● Freilaufenlassen

Und dies sind die Anzeichen, an denen du Losgelassenheit erkennst:

● schwingender Pferderücken
● Dehnungshaltung (das Pferd folgt der Reiterhand nach vorwärts-abwärts — tiefster Punkt: Maulspalte in Höhe des Buggelenks)
● taktmäßiges Gehen (ohne zu eilen)
● normales Durchatmen oder Abprusten
● Maultätigkeit bei geschlossenem Maul (Kauen, leichte Schaumbildung)
● frei getragener, pendelnder Schweif (als Fortsetzung des schwingenden Rückens)
● zufriedener Gesichtsausdruck

● *Gehe überhaupt auf individuelle Anlagen und Schwierigkeiten deines Pferdes ein.* Probiere hierfür die ganze Palette von lösenden Übungen aus. Betrachte diese nie als Selbstzweck, sondern versuche herauszufinden, auf welche Weise sich dein Pferd am besten lösen läßt.

Zu den lösenden Übungen gehören:

● das anfängliche Schrittreiten
● Leichttraben im Arbeitstrab
● Reiten auf großen gebogenen Linien (Zirkel, einfache Schlangenlinie)
● häufige Übergänge vom Arbeitstrab zum Arbeitsgalopp und umgekehrt
● Lösen im frischen Arbeitsgalopp
● Zulegen im Trab und Galopp
● Vorhandwendungen (für junge Pferde oder Korrekturpferde)
● Schenkelweichen: Pferdekopf zur Bande, zur Mitte hin, Viereck verkleinern und vergrößern und an der offenen Zirkelseite übertreten lassen
● Cavalettiarbeit
● kleinere Sprünge (bes. Gymnastikspringen)
● Reiten im Gelände, vor allem auf unebenem Boden
● Schlangenlinien zwischen Bäumen

Schlangenlinien zwischen Bäumen

39

Reiten über kleine Sprünge gehört zu den lösenden Übungen.

Rechte Seite: Aus der Dehnungshaltung wird das Pferd an den Zügel geritten.

Ein Pferd mit allen Anzeichen der Losgelassenheit.

Kontrolle Beim Zügel-aus-der-Hand-kauen-Lassen (bis zum langen Zügel) muß sich der Hals bei weicher Verbindung zur Reiterhand nach vorwärts-abwärts dehnen.

Die *Dauer des Lösens* kann sehr verschieden sein: — Beim jungen Pferd als Ziel der ersten Ausbildungsphase ca. 3—5 Monate (vom ersten Anreiten an); beim Korrekturpferd bis zu mehrere Wochen; beim älteren, gut gerittenen Pferd 15—20 Minuten (mit Schritt).

Das Lösen dauert entsprechend länger:
● bei großer Kälte (anfängliches Abreiten mit Decke empfehlenswert);
● nach einem Tag oder längerer Zeit ohne Bewegung (z.B. durch Krankheit);
● bei Muskelkater vom Vortag her oder nervlicher Überlastung.

Schwierigkeiten und Tips

Grundsätzlich Du glaubst, alles getan zu haben, was kluge Lehrbücher vorschreiben, aber es klappt trotzdem nicht; der Erfolg stellt sich trotz all deiner Bemühungen nicht ein! Hier die wichtigsten Beispiele und Tips:

Problem Dein *Pferd geht schneller, als du es willst*: Du kommst nicht zum Treiben.

Tips ● Kontrolliere die Kraftfuttermenge! In der Regel ist alles, was über 8—10 kg hinausgeht, von Übel. Wiege das Kraftfutter, z.B. mit einer Federwaage.
● Kontrolliere den Bewegungsbedarf! In der Regel haben unsere Pferde zu wenig Bewegungsmöglichkeiten. Schaffe zusätzlich zur Reitstunde diese Möglichkeiten z.B. durch Weidegang, Paddock, Führen oder Laufenlassen (s. S. 15 ff).
● Longiere das Pferd vor dem Reiten ab! Dies hilft vor allem jungen Pferden oder Korrekturpferden, sich zuerst einmal ohne Reitergewicht loszulassen.
● Beim anschließenden Reiten beruhigst du dein Pferd mit der Stimme, die es ja vom Longieren her kennt. Und versuche, durch weiches Auffangen mit beiden Händen (Annehmen und Nachgeben) das Tempo zu regulieren.

Problem Dein Pferd verliert beim Lösen auf dem Zirkel an Schwung.

Tips ● Beende das Durchfühlen mit der inneren Wade und setze beide Waden wieder treibend ein.

42

● Gehe immer wieder auf die gerade Linie und hole Schwung, bevor du erneut auf den Zirkel gehst.

Problem Du willst auf dem Zirkel mit der inneren Wade durchfühlen, die äußere Seite dehnen und die innere Seite hohl machen, aber dein Pferd geht nicht vom inneren Schenkel weg — vielleicht sogar etwas dagegen.

Tip ● Stimme dein Pferd auf fein wirkende seitwärtstreibende Hilfen ab, indem du etwa auf der rechten Hand an der offenen Zirkelseite dem rechten Schenkel weichen läßt. Wenn es dann auf die rechte Wade leicht reagiert, beginnst du wieder mit der Biegearbeit auf der rechten Hand.

Problem Das Pferd geht nicht am äußeren Zügel, läuft über die äußere Schulter weg.

Tip ● Reite an jedem beliebigen Punkt des Zirkels eine gerade Linie, wende wieder um 45°, und mach dann mit dem äußeren Zügel den Hals in der Schulter wieder gerade. Wiederhole dies, bis die Schwierigkeit behoben ist.

Problem Dein Pferd kommt beim Dehnen oder beim anschließenden An-den-Zügel-Reiten zu tief, hinter den Zügel, es »verkriecht sich«. Das ist besonders bei Korrekturpferden zu beobachten, die viel Ganaschenfreiheit haben, leicht im Genick sind und in Hals und Genick »krumm gezogen« wurden, ohne daß die Bewegung über den schwingenden Rücken ging.

Tips ● Achte bei diesen Pferden darauf, daß sie vor dem Dehnen über dem Zügel gehen (natürliche Haltung). Dehne sie mit Schwung zur passiven, tiefen Hand hin.
● Solche Pferde sind mit extrem tiefen Händen zu reiten (mit den kleinen Fingerknöcheln den Pferdehals fühlen).

Das Pferd läuft über die äußere Schulter weg.

● Kontrolliere die Dicke des Trensengebisses — ein zu dünnes Gebiß kann zu scharf wirken.
● Laß vom Tierarzt Zähne und Zahnfleisch untersuchen.

Durch Reiten einer geraden Linie an jedem beliebigen Punkt des Zirkels machst du den Hals in der Schulter wieder gerade.

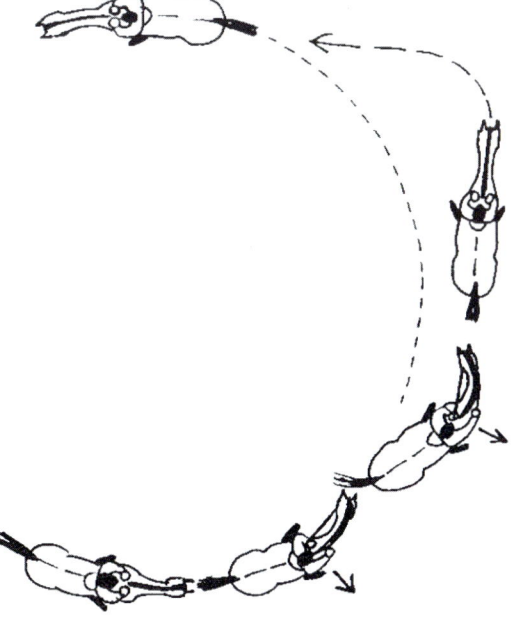

43

Es dauert zu lange, bis dein Pferd über den schwingenden Rücken in Dehnungshaltung geht.

● Probiere die Palette lösender Übungen aus, um die beste Möglichkeit für das Lösen speziell deines Pferdes herauszufinden.
● Versuche es einmal mit früher und mehr lösender Arbeit im Galopp oder häufigen Übergängen zwischen Trab und Galopp.
● Probiere es mit Cavalettis (Abstand im Schritt 70–80 cm, im Trab 120 – 140 cm).

Das Lösen gelingt zwar im Trab, beim Angaloppieren oder im Galopp jedoch macht das Pferd den Rücken wieder fest und »hebt sich heraus«.

● Achte beim Angaloppieren darauf, daß du mit dem Gewicht nicht

Cavalettiarbeit kann eine gute lösende Wirkung haben.

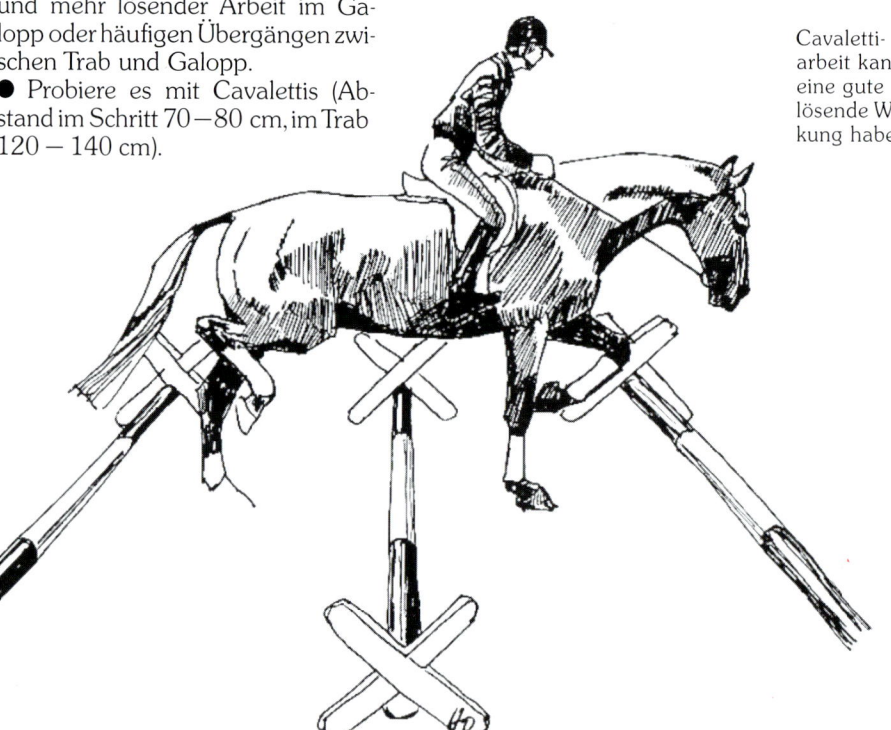

● Gymnastik über kleine Sprünge aus dem Trab und Galopp kann eine sehr gute lösende Wirkung haben.
● Viele Pferde lösen sich am besten im Gelände: Galoppieren im leichten Sitz, Reiten im Schritt und Trab über unebenen Boden oder in Schlangenlinien zwischen Bäumen hindurch.
● Forme nie mit den Händen, sondern achte vor allem auf das Lösen der Rückenmuskulatur.
● Führen alle Bemühungen langfristig nicht zum Erfolg, so empfiehlt sich eine tierärztliche Untersuchung, um festzustellen, ob ein Rückenschaden vorliegt.

aktiv auf das Pferd einwirkst. Verlagere dein Gewicht mehr auf die Oberschenkel wie beim Remontensitz, galoppiere mehr mit den Beinen an, und schmiege dich elastisch und weich in die Galoppbewegung ein.
● Auch wenn sich das Pferd beim Galoppieren im Rücken und in der Anlehnung verschlechtert, gilt:
● Kontrolliere deine Gewichtseinwirkung, du kannst immer nur so viel aktiv mit dem Gewicht einwirken, wie es dein Pferd gerade verträgt.
● Bringe zuerst im Trab die Grundlage wieder in Ordnung, bevor du erneut angaloppierst.

nach der lösenden Arbeit bedeutet häufig eine Überforderung des Pferdes und führt zu zurückgesetztem Hals und weggedrücktem Rücken!

● Durchlässig ist dein Pferd dann, wenn es im Gleichgewicht, am Zügel — also rund — geht, auf fein abgestimmte Hilfen reagiert und die Paraden sauber durchläßt, also abnimmt.

Verlagere bei Rückenschwierigkeiten dein Gewicht mehr auf die Oberschenkel (Remontensitz).

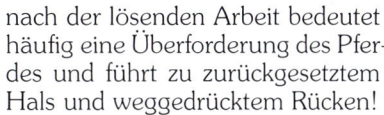
Zu schnelle Versammlung

● Verbessere den Galopp durch häufige Trab-Galopp-Übergänge, nicht aber durch langes Galoppieren.

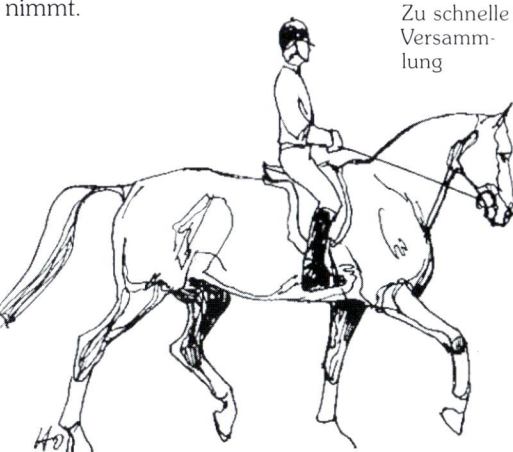

2.4. Durchlässigkeit

(Am Zügel, im Gleichgewicht, ohne Aufrichtung: Anlehnung für Arbeitstrab und Arbeitsgalopp)

● *Achte darauf, daß du dein Pferd nach dem Lösen zuerst völlig durchlässig machst, bevor du mit der eigentlichen versammelnden Arbeit beginnst.* Abruptes Versammeln

● Reite dein Pferd aus der Dehnungshaltung durch Paraden an den Zügel. Gib ihm je nach Ausbildungsstand und Rittigkeit entsprechend Zeit, bis es im Arbeitstrab und -galopp ohne Aufrichtung gleichmäßig an beiden Zügeln zum Durchschwingen kommt.

Reite dein Pferd zu Beginn mit langer Oberhalslinie ohne die Ganaschenfreiheit einzuzuengen.

Am Zügel, im Gleichgewicht

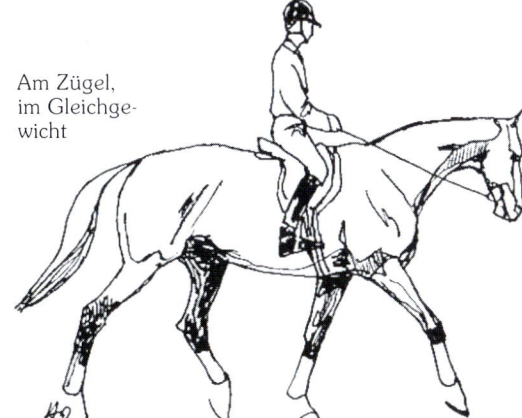

45

● *Bewährt hat sich folgendes Vorgehen:* Du beginnst auf dem Zirkel und reitest dein Pferd über sorgfältige Stellung mit langer Oberhalslinie — also ohne die Ganaschenfreiheit einzuengen — durchs Genick. Du fühlst zuerst im Arbeitstrab im Takt mit der inneren Wade durch, nimmst dabei den inneren Zügel langsam und elastisch an und gibst im gleichen Maß wieder nach.

Richtige
Stellung

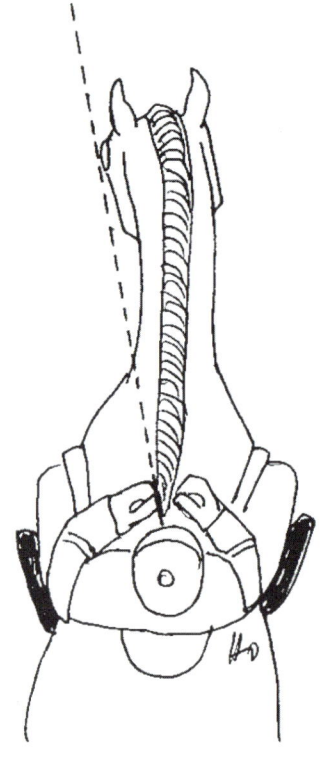

Kreuzeinwirkung kann bei jungen oder rückenempfindlichen Pferden die ganze bisherige Arbeit zunichte machen (Zurücksetzen des Halses, Wegdrücken des Rückens, Sichverhalten).

● Reite allmählich immer mehr ganze Bahn und erhalte dabei die auf dem Zirkel erreichte saubere Anlehnung. Hilf dir mit dem Reiten eines halben Zirkels, wenn sich Anlehnung und Geschmeidigkeit verschlechtern. Achte beim Reiten auf der ganzen Bahn auf korrektes Ausreiten der Ecken. Die dafür erforderliche Viertelsvolte darf anfangs einer großen Volte (10 m Durchmesser) entsprechen. Wichtig sind vor allem korrekte Stellung und Biegung. Erst mit zunehmender Durchlässigkeit reitest du die Ecken tiefer aus (Voltendurchmesser 8 m und schließlich 6 m).

Rechte Seite: Auf großer gebogener Linie machst du dein Pferd auf beiden Seiten geschmeidig.

¼ VOLTE 10 m
¼ VOLTE 8 m
¼ VOLTE 6 m

Das Ausreiten der Ecken hängt von der Durchlässigkeit des Pferdes ab.

Kontrolle Die Stellung ist in Ordnung, wenn der Reiter bei gerader Kopfhaltung den inneren Augen- und Nüsternrand des Pferdes sehen kann.

● Beginne nun, durch kleine Paraden die Anlehnung immer feiner und sicherer zu machen. Treibe dabei mit den Beinen zur ruhigen, aber elastischen und niemals rückwirkenden Hand hin. Dosiere anfangs die Gewichtshilfen vorsichtig und im Hinblick auf die Rückenempfindlichkeit des Pferdes. Zu frühe aktive

Wichtig: Jede *Ecke* gibt dir eine gute Gelegenheit, das Pferd immer wieder in Anlehnung und Geschmeidigkeit besser zu machen! Das gilt aber nur dann, wenn deine Technik stimmt.

● Rufe dir in Erinnerung: Zuerst muß vor der *Ecke* die Stellung fertig, der innere Zügel leicht sein. *Wie lange vor der Ecke du mit der Stellung beginnst, hängt vom Pferd ab.* Ein

Zulegen . . .

. . . und Ein-
fangen ist
eine gute
Übung zur
Förderung
der Ver-
sammlung.

Pferd, das sich quasi mit dem kleinen Finger leicht stellen läßt, beginnst du erst kurz vor dem Einreiten in die Ecke zu stellen. Macht es
beim Stellen Schwierigkeiten, so
mußt du entsprechend einige Pferdelängen früher damit anfangen.
Nach der Stellung erfolgt die zweite

Phase: Beim Einreiten in die Ecke
fühlt die innere Wade im Takt durch
und veranlaßt die Biegung. Die drit-
te Phase besteht im Leichterwerden
der inneren Hand, wenn diese sich
genau in der Mitte befindet. In der
vierten und letzten Phase erfolgt
schließlich das Herausreiten aus der

Technik des Eckenausreitens

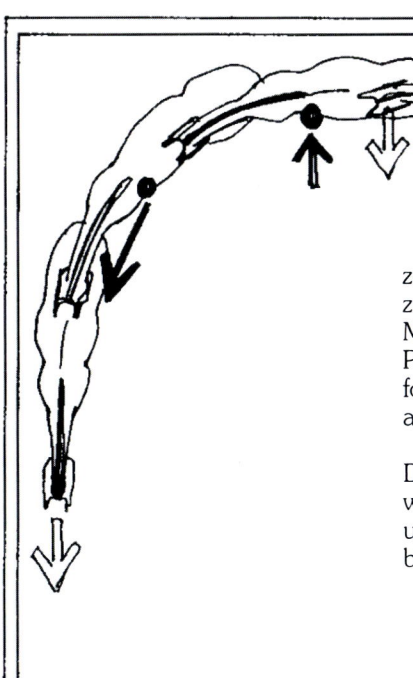

zur ganzen Bahn und schließlich zum korrekten Ausreiten der Ecken. Mit einem gut gerittenen, älteren Pferd kannst du nach dem Lösen sofort auf der ganzen Bahn die Ecken ausreiten.

Kontrolle

Die Biegung ist dann in Ordnung, wenn du innen nachgeben kannst und die Stellung dabei erhalten bleibt.

Ecke und das Geradestellen des Pferdes.

Kurzform Stellen, biegen, leichter werden, gerade stellen.

● Nachdem du im Arbeitstrab die erste Stufe der Durchlässigkeit erreicht hast, wiederholst du dieselbe Arbeit auf jeder Hand im Arbeitsgalopp.
● *Die erste Phase der Durchlässigkeit noch einmal in Kurzform:* Vom Zirkel allmählich über halbe Zirkel

Kontrolle der Biegung: Wenn du innen nachgibst, muß die Stellung erhalten bleiben.

Schwierigkeiten und Tips

Problem Die meisten Pferde haben eine schwierigere, steifere Seite. Du spürst, daß sich dein Pferd beim Stellen fest macht.

Tips ● Stelle immer wieder mit dem äußeren Zügel gerade, damit die Ohr-

speicheldrüse Platz bekommt und nicht geklemmt wird. Versuche danach erneut, nach innen zu stellen und mit der inneren Wade durchzufühlen. Dabei mußt du bestrebt sein, am inneren Zügel leicht zu werden, also auf keinen Fall die Stellung festhalten zu wollen.
● Gehe dabei durch häufiges Handwechseln oder das Reiten von einfachen Schlangenlinien immer wieder von der schwierigen auf die leichtere Seite.

49

Wenn sich dein Pferd innen festmacht, stelle es immer wieder gerade.

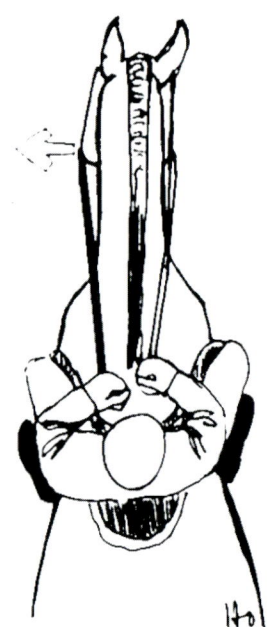

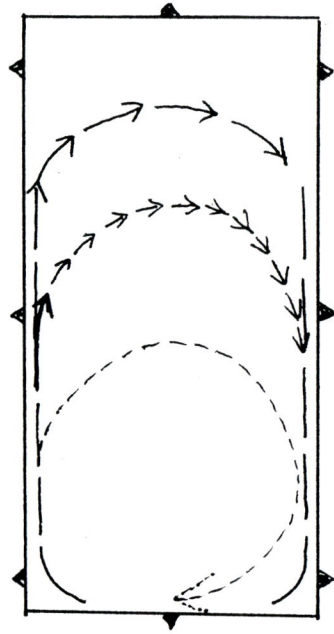

Sobald auf der Geraden Widerstand auftritt, hilfst du dir mit dem Reiten einer halben Zirkellinie.

Problem Mein Pferd geht nun auf dem Zirkel, also auf gebogener Linie sauber am Zügel. Genau so möchte ich es danach auch auf gerader Linie mit gleicher Verbindung an beiden Zügeln haben. Es ergeben sich jedoch auf der Geraden wieder Anlehnungsschwierigkeiten.

● Wende nach einigen Pferdelängen geradeaus wieder auf die halbe Kreislinie eines Zirkels ab: Reite also

Tip

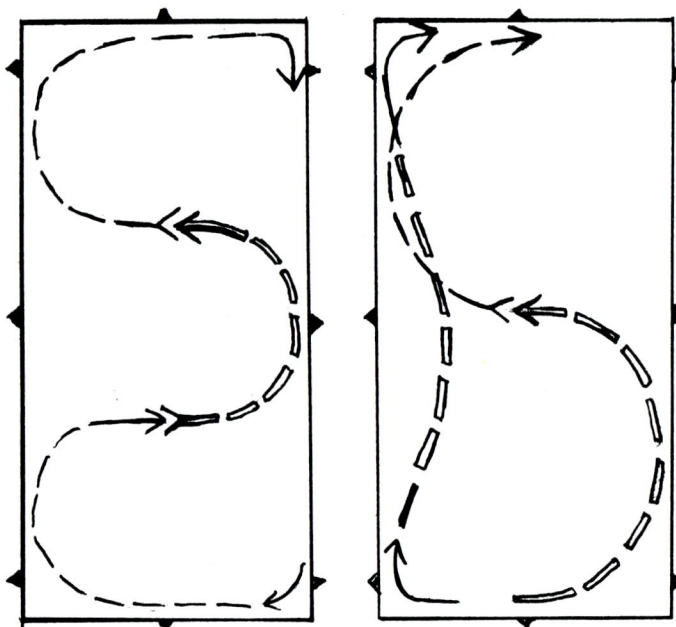

Häufiges Handwechseln ist wichtig.

50

von der einen langen Seite zur gegenüberliegenden an beliebiger Stelle einen halben Zirkel mit dem Durchmesser von 20 m. Allmählich wird die gerade Linie dann bis zur ganzen Bahn verlängert. Hilf dir immer wieder mit dem Reiten einer halben Zirkellinie, sobald auf der Geraden auch nur ein leichter Widerstand auftritt.

Dein Pferd hebt sich heraus.

Problem Dein Pferd fängt an, sich bei den Übergängen vom Arbeitstrab zum Schritt oder Galopp herauszuheben, also über den Zügel zu kommen.

Tips ● Reite im Trab weiter, bring die Anlehnung wieder in Ordnung, und leite einen neuen Übergang ein. Du machst es dir leichter, wenn du diesen zuerst auf der gebogenen Linie über die Stellung reitest.
● Kontrolliere deine Gewichtseinwirkung — wie beim Lösen: Du kannst immer nur soviel aktiv mit dem Gewicht einwirken, wie es dein Pferd gerade verträgt.

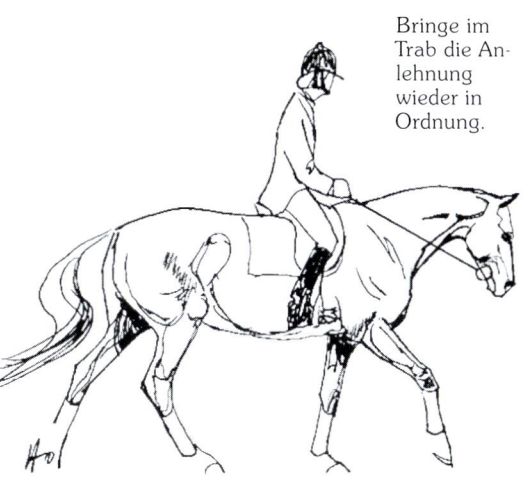

Bringe im Trab die Anlehnung wieder in Ordnung.

Problem Geschmeidigkeit und Durchlässigkeit gelingen nur auf einer Hand, z.B. auf der linken.

Tips ● Überprüfe deine Hände! Oft wirkt eine Hand stärker und starrer ein als die andere, du hast auf der Geraden mehr Gewicht in der einen Hand, sie »klemmt« — achte sorgfältig auf eine völlig gleichmäßige Fühlung zum Pferdemaul. Laß dies durch einen guten Lehrer überprüfen.
● Du kannst eine einseitige Handeinwirkung auch daran erkennen, daß die eine Gebißhälfte ständig weiter herausschaut als die andere!
● Arbeite nie zu lange und intensiv auf der schlechteren, steiferen Seite — das führt nur zu zusätzlichen Verkrampfungen. Und außerdem: Du arbeitest ja auf der besseren Hand durch Dehnen der äußeren Seite die steifere Seite mit.

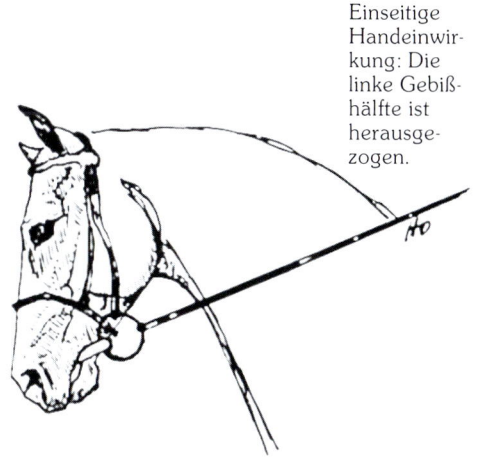

Einseitige Handeinwirkung: Die linke Gebißhälfte ist herausgezogen.

2.5. Beginnende Versammlung

Verfeinerung der Durchlässigkeit

Sobald dein Pferd im Arbeitstrab und -galopp sicher und leicht am Zügel geht, kannst du damit beginnen, seine Durchlässigkeit mit leichten versammelnden Übungen zu steigern.

Zu den leichten versammelnden Übungen gehören:
● Übergänge zwischen Arbeitstrab und Mittelschritt
● Übergänge zwischen Arbeitstrab und Mittelschritt über vier bis fünf kurze Tritte
● Tempowechsel im Trab
● Übergänge zwischen Arbeitsgalopp und Mittelschritt
● Schultervorartiges Geraderichten im Trab und Galopp

Übergänge Arbeitstrab – Mittelschritt

Der gymnastische Wert dieser Übung besteht darin, daß die Hinter-

beine vermehrt untertreten, allmählich entsprechend mehr Last aufnehmen, so daß die Paraden immer leichter durchkommen. Wichtig ist, daß du hierbei sorgfältig auf die genaue Durchführung der oben beschriebenen Paraden achtest!
● Schule dein Gefühl für die richtige Dosierung der Hilfen, indem du immer wieder einmal ausprobierst, wieviel bzw. wie wenig Einwirkung mit Waden, Gewicht und Händen ausreicht, um den Übergang so weich und rund wie möglich zu machen. Die Parade sollte nie zu lange dauern – besser ist es, sie nach ein bis zwei Sekunden mit leichter Hand zu beenden und danach eine neue einzuleiten.

Übergänge über vier bis fünf kurze Tritte

● Versuche, dein Pferd vor dem Durchparieren zum Schritt vier bis fünf kürzere Tritte im Trabtakt zu halten. Das ist eine gute gymnastische Übung und verhindert, daß es von sich aus abrupt und auf der Vorhand durchpariert. *Sobald du spürst, daß dein Pferd durchparieren will, hältst du mit den Waden den Trabtakt noch vier bis fünf Tritte länger* (später auch mehr), d. h. du bestimmst, wie lange der Trabtakt erhalten bleibt. Verfeinere dein Gefühl, indem du immer wieder das Zusammenspiel deiner Hilfen ausprobierst.
● *Wie das Durchparieren über kurze Tritte ist auch das Variieren von*

Richtig ausgeführte Parade

52

Das Variieren von Übergängen ist eine gute versammelnde Übung.

Übergängen eine gymnastisch wertvolle Übung. Einmal verlangst du den Übergang aus dem Trab über kurze Tritte zum Schritt, beim nächsten Mal reitest du aus den kurzen Tritten wieder in den frischen Arbeitstrab; zwischendurch kommst du an einem bestimmten Punkt sofort zum Schritt.

● Bei all diesen Übungen achtest du darauf, immer wieder durch Zulegen Schwung zu holen und dadurch andere Muskelgruppen zu beanspruchen.

Tempowechsel

● Steigere das Tempo aus dem Arbeitstrab allmählich über eine Strekke von 10 bis 20 m. Reite also nicht sofort Mitteltrab, sondern verlängere anfangs die Tritte oder Galopp-

sprünge nur wenig — auch einmal durch die abgeflachte Ecke oder auf dem Zirkel. *Achte vor allem darauf, daß der Takt genau derselbe bleibt wie im Arbeitstempo.*

● Beim Wiedereinfangen des Tempos reitest du anfangs einen Übergang zum Arbeitstempo (erst später zum versammelten Tempo). Wichtig ist, daß die Übergänge weich und geschmeidig sind. Wenn der Takt nicht schneller wird, steigerst du die Trittlänge allmählich bis zum Mitteltrab und danach auch im Galopp bis zum Mittelgalopp. Nimm beim Zurückführen des Tempos den Schwung mit weichen Händen in die Versammlung hinein.

● *Je nach Ausbildungsstand kann das Ergebnis dieser Übung nach einigen Minuten ein ausdrucksvoller versammelter Trab sein.* Besonders

Zulegen und Einfangen

53

In den Trabverstärkungen muß der Takt genau derselbe bleiben wie im Arbeitstempo (Isabell Werth auf Gigolo).

wirkungsvoll ist es, wenn du ab und zu nach dem Erreichen der verkürzten Tritte sofort wieder zulegst. Das nächste Mal reitest du 10 bis 20 m in verkürzten Tritten oder im versammelten Trab, um erst danach wieder zuzulegen.

Wichtig: Bestehe darauf, daß dein Pferd auch beim Zulegen auf feinste Hilfen reagiert, sofort und energisch mit den Hinterbeinen vortritt, so daß du selbst mit einem möglichst geringen Kraftaufwand auskommst.

Übergänge Arbeitsgalopp – Mittelschritt

Diese Übergänge tragen mit dazu bei, das Pferd im Galopp durchlässig zu machen und die Versammlung einzuleiten. Du beginnst damit

auf dem Zirkel und achtest darauf, daß der erste Galoppsprung rund und sauber durchs Genick erfolgt.
● *Den höchsten gymnastischen Wert bei den Galopp-Schritt-Übergängen haben Übergänge über drei*

Der erste Galoppsprung muß rund und sauber durchs Genick erfolgen.

bis vier verkürzte Galoppsprünge.
Bringe dem Pferd hierfür allmählich
bei, daß es weiter galoppiert, solange du die Beine im Galopprhythmus mitatmen läßt: Es galoppiert
dann vor dem Übergang auch verkürzt weiter. Hebt sich das Pferd heraus, so galoppierst du, etwas mehr
Schwung holend, weiter und stellst
die richtige Anlehnung wieder her.
● Wie bei der Trabarbeit übst du
auch die Galopp-Schritt-Übergänge
immer nur in sinnvoller Verbindung
mit der übrigen Galopparbeit, dem
Schwungholen aus dem Arbeitsgalopp zum Mittelgalopp und dem anschließenden Zurückführen zum Arbeitsgalopp.

Schultervorartiges
Geraderichten im Trab
und Galopp

*In dieser Phase der Durchlässigkeit
und beginnenden Versammlung
wird vermehrte Aufmerksamkeit
auf die Geraderichtung verwendet.*
● Im Trab und Galopp denkst du
immer wieder an Schultervor, um
den inneren Hinterfuß zum inneren
Vorderfuß zu reiten, damit dein
Pferd zum Schwerpunkt und nicht

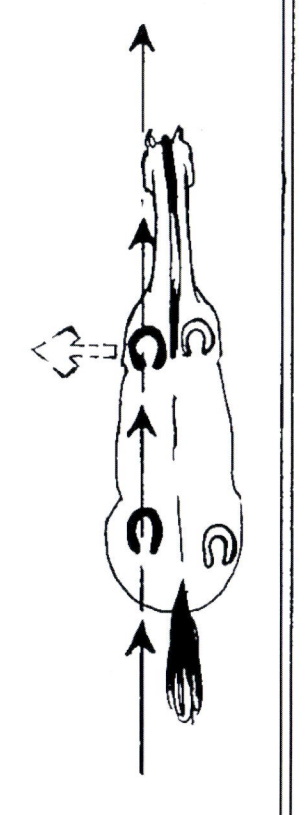

daran vorbei tritt oder springt. Es
wirkt sich sehr gut aus, wenn dies
auch ab und zu ohne Anlehnung zur

Dein Pferd
muß auch
aus der
höchsten
Versamm-
lung heraus
stets deh-
nungsbereit
sein.

55

Bande oder andere Eingrenzung geübt wird — also auf dem zweiten Hufschlag, der Mittellinie, der Diagonalen, auf einem großen Platz oder im Gelände. Auch diagonale Linien, die sich von den herkömmlichen Hufschlagfiguren unterscheiden und bei denen die Hand nicht gewechselt wird, haben sich bewährt: Du reitest z. B. nach der zweiten Ecke der kurzen Seite eine Diagonale bis zur Mitte der gegenüberliegenden kurzen Seite (etwa von M nach A), danach gehst du wieder auf dieselbe Hand. Oder du reitest vom HB-Punkt bis zu C bzw. A — und umgekehrt.

Ich selbst würde nie daran denken, Lektionen mit höherem Versammlungsgrad zu fordern, bevor nicht alle Kriterien der Durchlässigkeit erreicht sind, d. h. bevor mein Pferd nicht rund und leicht geht, die Paraden willig abnimmt und sich »kuschelig« in die Hand schmiegt!

Merke dir Das Teilziel Durchlässigkeit mit beginnender Versammlung ist absolute Vorbedingung für die nächste Stufe — die dem Ausbildungsstand entsprechende höhere Versammlung und Schwungentfaltung.

● Erst mit der beginnenden Versammlung und der damit verbundenen erhöhten Durchlässigkeit ist die Grundlagenarbeit abgeschlossen und abgerundet; sie ist als erste Ausbildungsstufe des jungen Pferdes und als erster Abschnitt jeder Ausbildung und für jede Disziplin unerläßlich.

> **Wichtig: Dein Pferd muß während der gesamten Arbeit »dehnungsbereit« sein, d. h. sich in jedem beliebigen Stadium — auch aus der späteren höchsten Versammlung heraus — wieder in Dehnung reiten lassen.**

Schwierigkeiten und Tips

Problem Dein Pferd fängt an, sich bei den Übergängen vom Arbeitstrab oder -galopp zum Schritt herauszuheben, also über den Zügel zu kommen.

Tips ● Reite im Trab bzw. im Galopp weiter, bringe die Anlehnung wieder in Ordnung und leite einen neuen Übergang ein. Du machst es dir leichter, wenn du diesen zuerst auf

Über dem Zügel

56

Das Pferd fällt auf die Vorhand.

der gebogenen Linie über die Stellung reitest.
● Kontrolliere deine Gewichtseinwirkung — wie beim Lösen: Du kannst immer nur so viel aktiv mit dem Gewicht einwirken, wie es dein Pferd gerade verträgt.

Das Pferd kommt beim Übergang vom Schritt zum Galopp über den Zügel.

Lege Wert auf eine sorgfältige vorbereitende Stellung. Stelle dein Pferd u. U. vorübergehend *etwas tiefer ein*, gib ihm eine deutliche Verbindung am äußeren Zügel, und laß den ersten Sprung mit der weich nachgebenden inneren Hand heraus.
● Wenn es trotzdem den Rücken wegdrückt, solltest du deine Gewichtshilfen kontrollieren. Setze weniger Gewicht ein, galoppiere mehr mit den Waden an. Versuche, von Mal zu Mal mit feineren Hilfen auszukommen.

Dein Pferd kommt dir bei der Einleitung vom Galopp zum Schritt zuvor, stoppt ab und fällt dabei auf die Vorhand.

Wenn dir das passiert, galoppierst du sofort erneut an. Um das Abstoppen zu verhindern, gestatte anfangs lieber einige Zwischentritte im Trab, und laß dein Pferd dabei geschmeidig mit den Hinterbeinen die Last aufnehmen.

Wichtig: Beiße dich nie fest. Nimm bei hartnäckigen Problemen jede mögliche Hilfe durch Fachleute in Anspruch. Gerade weil eine saubere Grundlagenarbeit absolute Vorbedingung für alle weiteren Ausbildungsschritte ist, darfst du hier auf keinen Fall Kompromisse machen. Wenn es dir gelingt, dein Pferd aus der Dehnungshaltung heraus an den Zügel zu reiten, es auf beiden Seiten geschmeidig zu machen, zu biegen, und auf feine Paraden und Übergänge abzustimmen, hast du ein Stück Arbeit geleistet, auf das du mit Recht stolz sein kannst.

3

Springen

Zum Bild auf der vorhergehenden Doppelseite: Reiter und Pferd im Gleichgewicht

Mit der Aufnahme einiger Kapitel über Springschulung soll der Eindruck vermieden werden, daß die Ausbildung eines Reit- und auch eines reinen Dressurpferdes allein auf ebenem Hufschlag stattfinden kann und soll.

Vielmehr ergänzen sich alle Teilbereiche der Ausbildung und des Trainings eines Pferdes, und du wirst merken, wie beispielsweise springgymnastische Übungen die Losgelassenheit und Elastizität deines Pferdes verbessern helfen oder wie wohltuend sich Spazierenreiten im Gelände auf die mentale Verfassung des Pferdes auswirkt.

Die Ausführungen über Springausbildung sind daher so gedacht, daß sie in der Praxis mit nahezu jedem Pferd im Rahmen seiner Grundausbildung umgesetzt werden und auch mit älteren Pferden beim Aufbau- oder Ergänzungstraining Anwendung finden können.

Den Anspruch, eine Schule für das spezialisierte Springpferd zu formulieren, erhebe ich nicht, das würde auch den Rahmen dieses Buchkonzeptes sprengen.

Meine Erfahrungen gründen sich vor allem auf die Praxis der Ausbildung junger Vielseitigkeitspferde; dabei haben mich oft sehr kompetente Springtrainer beraten. Was ich von diesen gelernt habe, ist in meine folgenden Ausführungen mit eingeflossen.

3.1. Freispringen

Wozu dient das Freispringen?

Das Freispringen in einer geschlossenen Reitbahn dient insbesondere zur Beurteilung der natürlichen Springveranlagung des Pferdes ohne Beeinflussung durch den Reiter. Daher wird es vor allem mit Pferden praktiziert, die zum Verkauf stehen, z.B. auf Auktionen, oder auch mit jungen Pferden, die hinsichtlich ihrer Springveranlagung überprüft werden sollen, aber noch nicht unter dem Reiter ausbalanciert springen können.

Bei älteren Pferden, die die Gewöhnungsphase und die erste Grundausbildungsphase bereits hinter sich haben, dürfte der Trainings- und Ausbildungseffekt im Freispringen im Vergleich zum Springen unter dem Reiter sehr gering sein. Die Gründe liegen in dem sehr unterschiedlichen Gleichgewichtsverhalten des Pferdes mit und ohne Reiter sowie darin, daß Probleme in der Ausbildung über Hindernisse immer auch mit Rittigkeits- und reiterlichen Aufgaben verknüpft sind (z.B. Reiten von Distanzen, Verkürzen und Verlängern der Galoppsprünge), die beim Freispringen natürlich nicht gelöst werden können.

Wird dein Pferd schwerpunktmäßig für Dressurzwecke ausgebildet und daher überwiegend auf ebenem Hufschlag gearbeitet, so kannst du regelmäßiges Freispringen sinnvoll als Ergänzung, quasi als Ausgleichssport, in dein Trainingsprogramm einbauen und feststellen, daß es insbesondere die Losgelassenheit, Beweglichkeit, Geschmeidigkeit und damit auch die Ausstrahlung deines Pferdes positiv beeinflussen kann.

Welche Voraussetzungen muß man für ein sinnvolles Freispringen schaffen?

Wenn du nicht wenigstens zwei, besser drei weitere Personen zum Anführen, Auffangen und Treiben zur Verfügung hast, solltest du auf das Freispringen verzichten, sonst läufst du Gefahr, daß es in ein wildes Herumjagen des Pferdes ausartet und damit genau das Gegenteil von dem eintritt, was du erzielen willst, nämlich Ruhe und Gelassenheit. Du solltest sicherstellen, daß das Pferd nach jeder Springreihe aufgefangen und dann neu angeführt wird, was zu mehr Ruhe führt und Nervosität vermeidet. Auch kannst du so

Hindernis
Fang

Helfer

jeweils gezielter den Hindernisaufbau verändern bzw. korrigieren.

Was ist beim Aufbau zu beachten?

Als Hindernismaterial sind vor allem Stangen und Planken geeignet, um in den Höhen und Abmessungen gut variieren und auf den Ausbildungsstand des Pferdes individuell eingehen zu können.

● Daher solltest du bei dem Einsatz von Unterstellteilen oder Mauern nur sehr niedrige Elemente verwenden, die du bei Bedarf überbauen kannst.

Cavalettis sind in der Regel zum Springen ungeeignet, weil sie aufgrund ihres Gewichts und wegen der seitlichen Kreuze zu Verletzungen führen können.

Für die Abgrenzung der Hindernisreihe zur Innenseite der Bahn sind Fänge am geeignetsten. Vor und hinter den Hindernissen müssen Lücken verbleiben, damit der Peit-

schenführer bei Bedarf nachtreiben bzw. verhindern kann, daß ein Pferd von der falschen Seite die Hindernisse überwindet. Auch auf der Bandenseite mußt du durch Fänge sicherstellen, daß das Pferd nicht vorbeilaufen kann, sondern dazu angehalten wird, die Hindernisse möglichst in der Mitte zu überwinden.

● Aus *Sicherheitsgründen* solltest du die Reitbahnecke im Auffangbereich abrunden (siehe hierzu die obenstehende Skizze).

● Hast du nur eine kleine Reitbahn zur Verfügung, solltest du darauf achten, daß das Pferd nach dem letzten Hindernis der Sprungreihe noch genügend Auslauf hat; notfalls muß die Springreihe insgesamt bzw. der Weg zum ersten Hinderniselement verkürzt werden.

Wie baut man die Hindernisreihe zum Freispringen auf?

Was und wie du in einer Hindernisreihe aufbaust, hängt natürlich vor allem vom Alter und Ausbildungsstand deines Pferdes ab.

Grundsätzlich solltest du jedoch *mit zwei recht niedrigen Hindernissen beginnen*, die dein Pferd aus dem Anführen im ruhigen Trab absolvie-

Anordnung für die Durchführung ordnungsgemäßen Freispringens in einer geschlossenen Reitbahn.

61

ren kann. Diese beiden Sprünge können als In-out oder Kombination mit einem Galoppsprung aufgebaut sein; sie dienen dazu, das Pferd in einen gleichmäßigen Rhythmus zu bringen und ihm damit das flüssige Überwinden der weiteren Hindernisreihe zu erleichtern. Bei einem erfahreneren Pferd kannst du auch mit einem leichten Doppel-In-out beginnen.

Für die weitere Abfolge der Hindernisse hat sich bei jüngeren Pferden bewährt, auf eine Distanz für einen Galoppsprung einen Steilsprung und daran auf zwei Galoppsprünge einen Oxer anzuschließen.

Bei etwas *erfahreneren Pferden* sind auch *Zweier-* bzw. *Dreierkombinationen* aus mehreren Steil-

Martin Plewa zeigt bei diesem Sprung die ideale Linie vom Ellbogen über den Handrücken und den Zügel zum Pferdemaul (auf Little Lion).

sprüngen oder Mehrfachoxern *angebracht.*

Wichtig: Der Aufbau richtet sich nach Alter und Ausbildungsstand des Pferdes und danach, was ich mit dem Freispringen bezwecken will.

Grundsätzlich sind natürlich auch alle anderen als die o. g. Aufbaubeispiele denkbar.

Welche Distanzen sind beim Aufbau der Hindernisse zu wählen?

Als Grundsatz gilt, daß die *Distanzen* beim Freispringen möglichst *dem Galoppsprung des Pferdes an-*

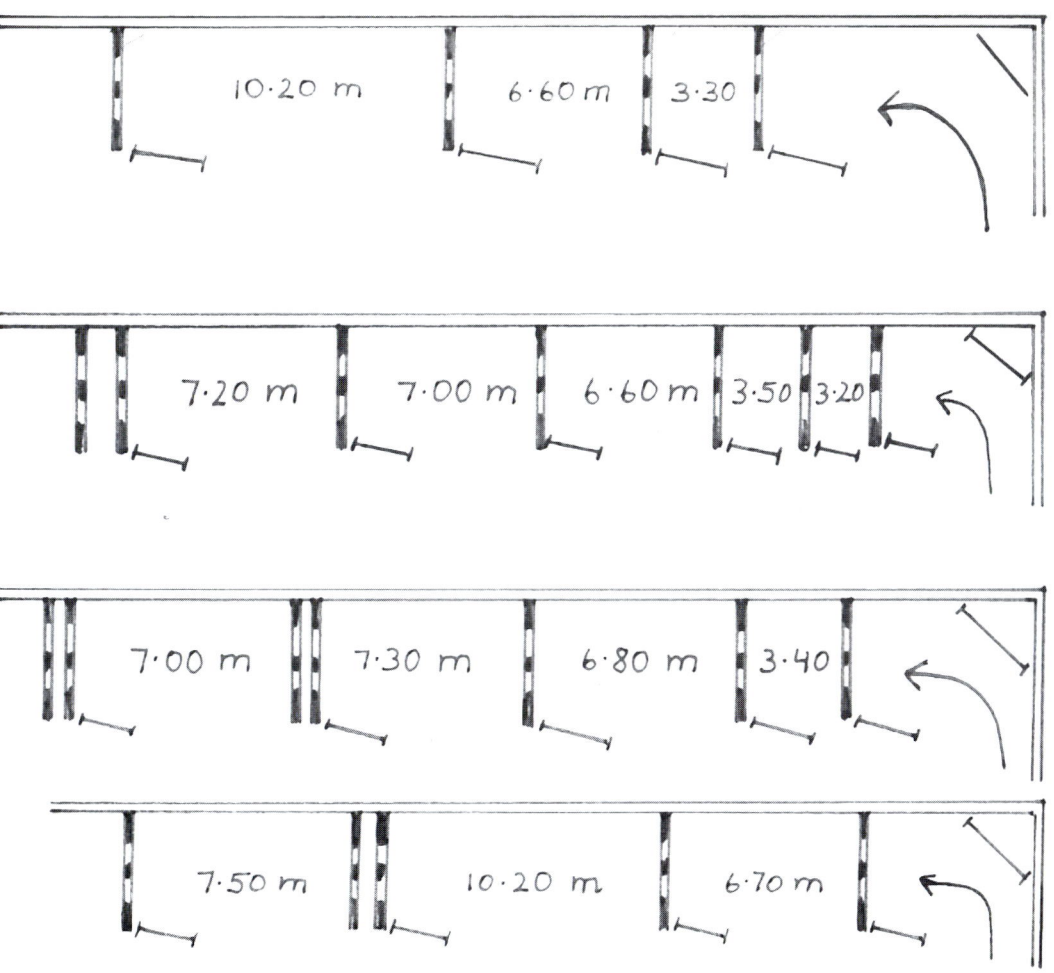

10·20 m   6·60 m   3·30

7·20 m   7·00 m   6·60 m   3·50   3·20

7·00 m   7·30 m   6·80 m   3·40

7·50 m   10·20 m   6·70 m

Einige Aufbaubeispiele für Gymnastikreihen beim Freispringen. Bei den Distanzen handelt es sich um ca.-Angaben.

gepaßt sein sollen. Du solltest sie daher so wählen, daß dein Pferd sie aus einem ruhigen Tempo problemlos und ohne jegliche Verkrampfung absolvieren kann.

Präzise Distanzangaben für die Abstände zwischen den Hindernissen können natürlich nicht angegeben werden, da du sie für jedes Pferd individuell selbständig abschätzen mußt. Als grobe Orientierung können jedoch für die Abstände zwischen Hindernissen bis etwa 1,10 m Höhe, ca. 3,00 m—4,00 m (In-out), 6,50 m—7,50 m (ein Galoppsprung) und ca. 10,00 m—11,00 m (zwei Galoppsprünge) angegeben werden. Abstände für mehr als zwei Galoppsprünge sind beim Freispringen unüblich.

Distanzschulung gehört nicht zum Freispringen, sondern in die Springausbildung unter dem Reiter!

Wie rüste ich mein Pferd zum Freispringen aus?

Du solltest dein Pferd auf jeden Fall auf Trense zäumen, bei der die Zügel ausgeschnallt sind. Zum Anführen wird ein Strick verwendet, der am günstigsten mit einer offenen Schlaufe um ein Verbindungsstück zwischen den beiden Trensenringen gelegt wird. Das Führen am inneren Trensenring hat den Nachteil, daß nur allzu leicht das Gebiß nach innen herausgezogen werden kann.
● Gamaschen und Springglocken können das Pferd vor Verletzungen schützen.

Merke dir

63

Anwinkelung der Vorderbeine, Aufmerksamkeit und Flugkurve des Pferdes sind bei diesem Sprung vorbildlich (Martin Plewa mit Habicht).

Wie bereite ich mein Pferd auf das Freispringen vor?

Wie für jede Springarbeit gilt auch für das Freispringen, daß das *Pferd* möglichst *gut gelöst sein* soll. Daher solltest du dein Pferd gut ablongieren oder zumindest ausreichend freilaufen lassen.

Vor Beginn des eigentlichen Freispringens solltest du das Pferd mit den Hindernissen vertraut machen und ihm diese zeigen; dies gilt natürlich insbesondere für junge und etwas ängstliche Pferde. Durch das Zeigen der Hindernisse lernt das Pferd schneller, seine Aufgabe zu verstehen, und es wird eine evtl. Scheu abgebaut; hierdurch kann in der Regel ein stärkeres Nachtreiben mit der Peitsche vermieden werden, was meist zu einem hektischen und gespannten Springen führt.

Wichtig: Überhaupt solltest du jegliches Angstgefühl beim Pferd zu vermeiden versuchen, damit das Freispringen auch zum gewünschten Erfolg führt, nämlich das Pferd in der Losgelassenheit, Geschicklichkeit und Aufmerksamkeit zu verbessern.

Wie praktiziere ich das Freispringen?

Auf die in der Bahn befindlichen Personen sind die Aufgaben wie folgt verteilt:
Eine Person führt das Pferd an (aus Sicherheitsgründen stets auf der Innenseite); mindestens eine, besser zwei Personen betätigen sich als

64

Peitschenführer; eine Person fängt das Pferd nach der Springreihe wieder auf.

Anfangs läßt du dein Pferd nur das erste Hindernis der vorgesehenen Springreihe überwinden, die dann schrittweise erweitert und ergänzt werden kann. Du solltest erst dann die Reihe erweitern, wenn dein Pferd ruhig, gelassen und ohne getrieben zu werden die ersten Vorübungen absolviert.

Das Anführen erfolgt aus dem ruhigen Trab, das Pferd ist dabei möglichst gerade gerichtet, bei möglichst leichter, aber beständiger Anlehnung am Führstrick.

Das Loslassen erfolgt in dem Moment, in dem du spürst, daß das Pferd das Hindernis leicht anzieht, spätestens aber etwa ein bis zwei Pferdelängen vor dem ersten Hinderniselement.

Die anführende Person bleibt solange am Eingang der Springreihe stehen, bis das Pferd auf der anderen Seite eingefangen ist. Danach nimmt sie das Pferd zum erneuten Anführen in Empfang.

● Nach jedem erfolgreichen Absolvieren einer Springreihe solltest du deinem Pferd eine kurze Belohnung (z. B. Futter, Mohrrüben u. ä.) anbieten.

Wie verhalte ich mich bei einem heftigen Pferd?

Du beruhigst es mit der Stimme, hältst deine linke Hand vor den Kopf des Pferdes und versuchst, es möglichst spät, d. h. etwa eine Pferdelänge vor dem Hindernis, loszulassen; manche Pferde lassen sich auch durch gelegentliches Durchparieren und Abwenden wieder unter Kontrolle bringen.

Welche Abmessungen (Höhen, Weiten) dürfen die Hindernisse beim Freispringen haben?

Hierfür kann man keine generellen Angaben machen; die Abmessungen richten sich nach dem jeweiligen Pferd.

Grundsätzlich sollten sie sich im Rahmen wie beim Gymnastikspringen unter dem Reiter halten, d.h. etwa 60 – 90 cm für In-out, etwa 90 – 120 cm Höhe und etwa 100 – 150 cm Weite für die anderen Sprünge.

Ein *höheres Hindernis* (z. B. als letzten Sprung einer Reihe) wird man *nur aufbauen, wenn das Springvermögen eines Pferdes überprüft werden soll.*

Wichtig: Anfangs mit niedrigen Hindernissen beginnen, die Hindernisse vorsichtig, nicht zu schnell erhöhen.

● Bei Unsicherheiten, verspannten Sprüngen oder gar Verweigerungen stets erst wieder erniedrigen und Anforderungen zurückschrauben.

● Bei jedem Freispringen sein Pferd auszutesten und sich an seinem Springvermögen zu ergötzen, ist höchst unreiterlich und untergräbt die Springfreude des Pferdes!

Wie beende ich das Freispringen?

Nach Abschluß der eigentlichen springgymnastischen »Arbeit« beendest du das Freispringen über eine *erniedrigte, freundliche Hindernisreihe.*

Danach wird dein Pferd bis zur vollständigen Beruhigung trockengeführt.

Wichtig: Nie mit einer großen Anstrengung für das Pferd aufhören, sondern das Freispringen beenden, bevor das Pferd erste Ermüdungserscheinungen zeigt.

● Höre nie mit einem Fehler (Abwurf, Verweigerung) oder einem »unsauberen« Sprung (Anschlagen, Touchieren) auf.

● Beruhigungsphase berücksichtigen!

3.2. Springen unter dem Reiter

Welche Voraussetzungen müssen für das Springen unter dem Sattel erfüllt sein?

● Dein Pferd muß die Prinzipien der treibenden Hilfen, z. B. beim Anreiten, Antraben und Angaloppieren, sowie der verhaltenden Hilfen, z. B. bei Übergängen zur jeweils niedrigeren Gangart gelernt haben und einigermaßen zuverlässig akzeptieren.
● Dein Pferd sollte unabhängig vom ersten Hufschlag zwischen beiden Zügeln und Schenkeln auf geraden und großen gebogenen Linien traben und galoppieren können.
● Dein Pferd sollte daran gewöhnt sein, gelegentlich über ein oder mehrere niedrig gestellte Cavalettis zu treten oder zu springen.

Was ist beim Aufbau zu berücksichtigen?

Wenn dein Pferd bereits mit dem Freispringen vertraut gemacht wurde, kannst du die von daher gewohnte Art des Aufbaus für das Einspringen einsetzen.

Ansonsten ist es sinnvoll, die ersten Einzelhindernisse zunächst so aufzustellen, daß sie zum Ausgang der Reitbahn hin zu springen sind.

Anfangs solltest du *Hindernismaterial* (Stangen, Planken) *einsetzen, das dem Pferd bereits bekannt ist.* Es empfiehlt sich, in der ersten Phase der Springausbildung vorwiegend über kleine Kreuze zu springen, die das Anreiten und gewünschte Springen in der Hindernismitte erleichtern.

Verwende anfangs auf jeden Fall Fänge oder Fangständer, da ein junges Pferd aufgrund angeborener Verhaltensweisen vielleicht versuchen wird vorbeizulaufen.

Was muß ich beim Einspringen eines unerfahrenen Pferdes beachten?

Auf ein unerfahrenes Pferd gehört ein erfahrener, geschickt einwirkender und geschmeidig mitgehender Reiter.

Dein Pferd muß vor dem Springen gut gelöst sein, darf aber noch keinerlei Ermüdungserscheinungen zeigen.

● Zeige deinem Pferd zunächst jeden neuen Sprung, bevor du ihn anreitest.

Die ersten Hindernisse sind aus dem ruhigen Trab zu springen, sie sollten aber zunächst so niedrig sein, daß sie auch bei leichtem Zögern oder Verhalten des Pferdes fehlerfrei zu überwinden sind.

● Wiederhole den ersten Sprung, bis das Pferd, ohne zu zögern, losgelassen springt, bevor du ein neues Hindernis anreitest.

● Reite stets auf gerader Linie an und versuche, auch nach dem

Hindernisse mit gekreuzten Stangen sind für die Ausbildung junger Pferde besonders geeignet.

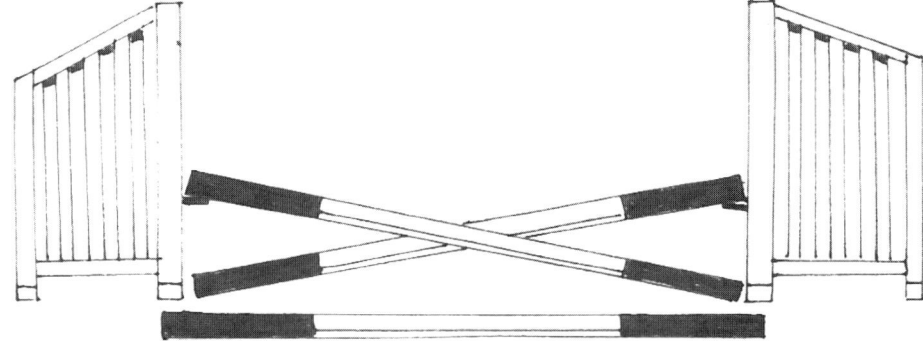

Sprung auf gerader Linie zu verbleiben.
● Bemühe dich, *stets ein gleichmäßiges Tempo* im Trab zu halten.
Die Schenkelhilfen kommen nur so stark zum Einsatz, wie es zum Erhalt des Trabtempos und zu gerader Richtung erforderlich ist; jeglicher Druck und übertriebenes Vorwärtsreiten sind zu vermeiden.
● Versuche nicht, dein Pferd an einen gedachten Absprungpunkt gezielt heranzureiten und es dann »abzudrücken«; dein Pferd soll von Anfang an lernen, selbständig zu taxieren und den passenden Absprung zu wählen.
● Wirke nicht mehr ein als unbedingt erforderlich; gib deinem Pferd die Chance, seine Aufmerksamkeit rechtzeitig auf das Hindernis zu lenken, damit es sich voll auf das fehlerfreie Überwinden des Hindernisses konzentrieren kann.

● Gewöhne dir an, dein Pferd nach jedem Hindernis schnellstmöglich und konsequent, aber behutsam und ohne jede Härte wieder unter Kontrolle und an die Hilfen zu stellen.

Denke daran
Das Anreiten des nächsten Hindernisses beginnt bei der Landung nach dem vorangegangenen Sprung.

● Belohne dein Pferd deutlich nach jedem, auch nach einem weniger gelungen Sprung.
● Bewahre stets Ruhe und Gelassenheit, denn nur ein gelassenes, zufriedenes Pferd wird willig, losgelassen und aufmerksam springen.
● *Vermeide Überforderungen!*
Ein einmal zerstörtes Vertrauen zum Sprung ist in den seltensten Fällen zuverlässig wiederherzustellen.

Schwierigkeiten und Tips

Problem

Dein Pferd verweigert bzw. springt sehr zögernd oder unwillig.

Tips

● Mehrfach hinter einem sicheren Führpferd springen lassen, dabei Unterstützung mit Stimm- und Schenkelhilfen.
● Auch an den nächsten Tagen noch einige Male wiederholen, bis das Pferd sicher allein auf die Stimme und die treibenden Schenkelhilfen reagiert.

Problem

Das Pferd zieht den Sprung nicht an, verlangsamt das Tempo beim Anreiten.

Tips

● Vorher das Pferd auf den treibenden Schenkel aufmerksam machen, z. B. häufiges Antraben aus dem Schritt.

● Das Hindernis zunächst aus dem Schritt anreiten und erst etwa drei bis vier Pferdelängen vor dem Sprung antraben, dabei gleichzeitig die Stimmhilfe einsetzen; mehrfach wiederholen.

Das Pferd wird vor dem Sprung heftig. **Problem**

● Zunächst ausreichend Zeit für die **Tips**
lösende Arbeit nehmen, dabei gelegentlich über einzelne, niedrig gestellte Cavalettis traben, damit dein Pferd die Trabarbeit über kleine Sprünge als Selbstverständlichkeit zu betrachten lernt.
● Vermehrt »vom Ausgang weg« springen.
● Den Sprung in eine große Zirkellinie einbeziehen, nicht von einem langen, geraden Weg anreiten.

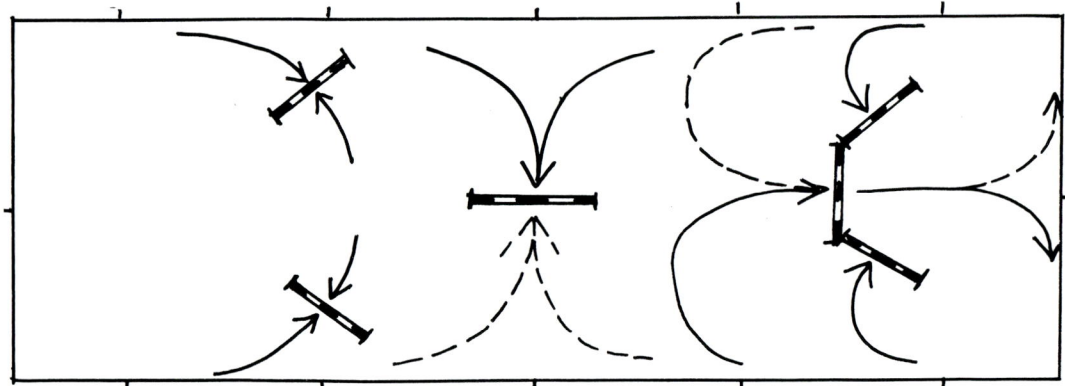

Aufbaubeispiele für das Springen auf gebogenen Linien.

● Generell mehr in Verbindung mit gebogenen Linien springen (Aufbaubeispiele siehe Abb. oben).

● Versuche, zum Sprung die Verbindung zum Pferd immer leichter werden zu lassen, um die Spannung im Pferd zu vermindern.

Im Einzelfall kann es sinnvoll sein, die Zügel zum Sprung hin länger werden zu lassen.

● Bei sehr stürmischen Pferden auf etwa 2 m Distanz vor dem Sprung einige Trab-Cavalettis (Abstand jeweils 1,30 m – 1,40 m) aufbauen (siehe Abb. rechts).

● Versuche, im Sitz möglichst ruhig und geschmeidig zu sein, vermeide hektische Oberkörperverlagerungen oder plötzliche Bewegungen mit deinen Armen und Händen.

Problem

Das Pferd wird nach dem Sprung heftig.

Tips

● Nie hart parieren oder bestrafen, da die häufigste Ursache für das Wegeilen nach dem Sprung ohnehin Angst vor der Reiterhand ist.

● Bereits vor dem Sprung nicht mehr treiben als unbedingt notwendig.

● Konsequent nach jedem Sprung unverzüglich halbe Paraden geben,

bis das gewünschte Tempo erreicht ist, bei unrittigen Pferden notfalls die Bande zu Hilfe nehmen.

● Bei der Parade aus dem leichten Sitz ist es erforderlich, mit dem Gesäß näher an den Sattel zu kommen (ohne in den Sattel zu fallen) und die Schulter weiter zurückzunehmen, notfalls bis zum dressurmäßigen Sitz.

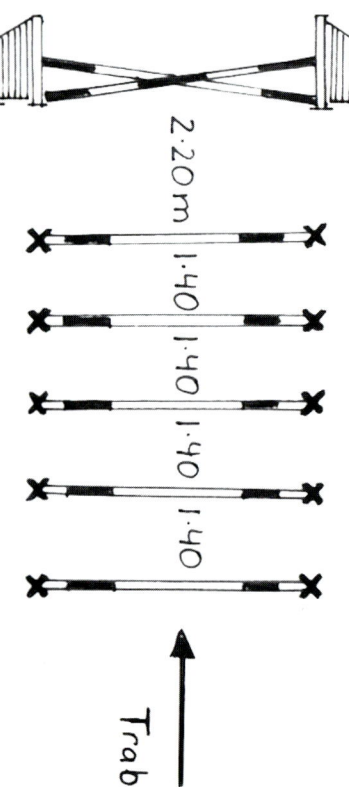

2.20 m | 1.40 | 1.40 | 1.40 | 1.40

Trab

Springen aus dem Trab in Verbindung mit Cavalettis (Distanzen sind ca.-Angaben).

68

● Nach erfolgten Paraden unmittelbar nachgeben, ggf. den Zügel leicht verlängern.

● Fängt dein Pferd erneut an zu eilen, auf gebogene Linien abwenden, ggf. kurz zum Schritt parieren und erneut anreiten.

Problem   Dein Pferd erregt sich grundsätzlich beim Springen.

Tips   ● Ein nervöses Pferd solltest du häufiger springen, aber mit sehr geringen Anforderungen.

● Dein Pferd muß lernen, das Überwinden kleiner Sprünge und die Arbeit mit Stangen und Hindernismaterial überhaupt als Selbstverständlichkeit zu empfinden.

● Beziehe daher gelegentliche Einzelsprünge aus dem Trab in deine regelmäßige Arbeit ein.

● Auch die dressurmäßige Arbeit sollte häufig auf dem Springplatz bzw. in Verbindung mit Hindernissen stattfinden.

● Bei nervösen Pferden ist das *Einhalten* eines *gleichmäßigen Tempos im sicheren Takt* ganz besonders *wichtig.*

● Vermeide plötzliche Tempounterschiede!

● Bemühe dich um ein besonders ruhiges Sitz- und Einwirkungsverhalten.

● Häufiges Spazierenreiten im Gelände wirkt sich generell positiv auf die nervliche Verfassung deines Pferdes aus.

Problem   Dein Pferd macht sich vor dem Sprung von den Hilfen frei, geht unkontrolliert gegen die Hand, bricht evtl. aus.

Tips   ● Überprüfe zunächst selbstkritisch, ob du dein Pferd nicht überfordert hast (zuviel oder zu hoch gesprungen).

● Versuche, dein Pferd bei möglichst leichter Anlehnung zum Sprung hinzuführen, da eine häufige Ursache für dieses Verhalten eine zu harte Reiterhand ist.

● Um eine weiche Verbindung zu erzielen, andererseits aber die Kontrolle sicherzustellen, ist es oft hilfreich, mit deutlich breiterer Zügelführung zu reiten, da dann der Gebißdruck auf das Pferdemaul vermindert wird. Viele Pferde lassen sich so leichter einstellen und geben ihren Widerstand gegen die Reiterhand auf.

● Reite die Hindernisse in möglichst ruhigem Tempo an, um vor dem Sprung zum leichten Nachgeben zu kommen.

● Die Hindernishöhe muß dem reduzierten Tempo angepaßt sein.

● Gib mehrere kurze halbe Paraden, immer verbunden mit nachgebenden Zügelhilfen, um zu vermeiden, daß das Pferd vor dem Hindernis das Gebiß festhält.

● Häufig ist auch ein Anreiten in Stellung bzw. gelegentliches Umstellen während der Anreitephase hilfreich.

● In vielen Fällen erleichtert das Springen aus und in Wendungen die Korrektur.

● Setze ein Pferd vor einem Sprung nie unter extremen Druck oder zwänge es ein, sonst nimmt es sich unkontrolliert die Freiheit, die du ihm nicht gibst.

Provoziere keine Widerstände, fordere keine Widersetzlichkeiten heraus!   **Achte darauf**

Dein Pferd geht nicht gerade zum Sprung.   **Problem**

● Versuche zunächst in der vorbereitenden Arbeit auf dem ebenen Hufschlag durch dem Ausbildungsstand deines Pferdes angemessene geraderichtende Übungen dem Problem vorzubeugen.   **Tips**

● Zur Korrektur ist es hilfreich, wenn dein Pferd bereits den vorwärts-seitwärts-treibenden Schenkel kennengelernt hat, um im wesentlichen durch Schenkelhilfen dem Schwanken oder »Schwimmen« zu begegnen.

● Das Springen über Kreuze erleichtert dem Pferd das gewünschte

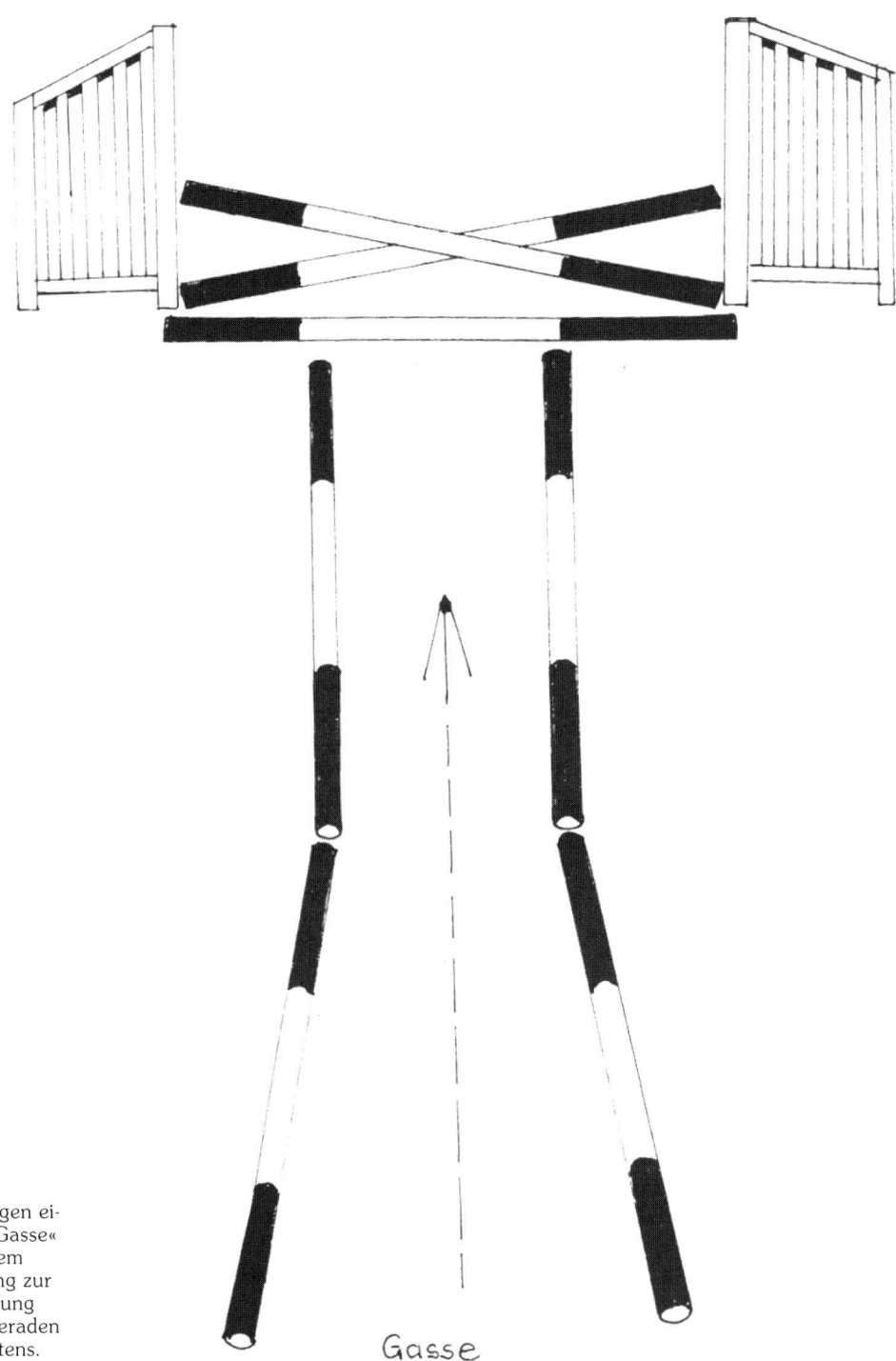

Auslegen einer »Gasse« vor dem Sprung zur Schulung des geraden Anreitens.

Gasse

Geradeanziehen des Sprungs in der Hindernismitte.

● Durch das Auslegen einer »Gasse« vor dem Sprung mit Hilfe weiterer Stangen schaffst du gerade für unerfahrene Pferde eine Hilfe in der Art einer »Eselsbrücke« (siehe Abb. oben).

70

Korrektur-möglichkeit für ein schief springendes Pferd. Hier mit einer zusätzlichen eingelegten Stange für ein »rechts-schiefes« Pferd, das nach links auszuweichen versucht.

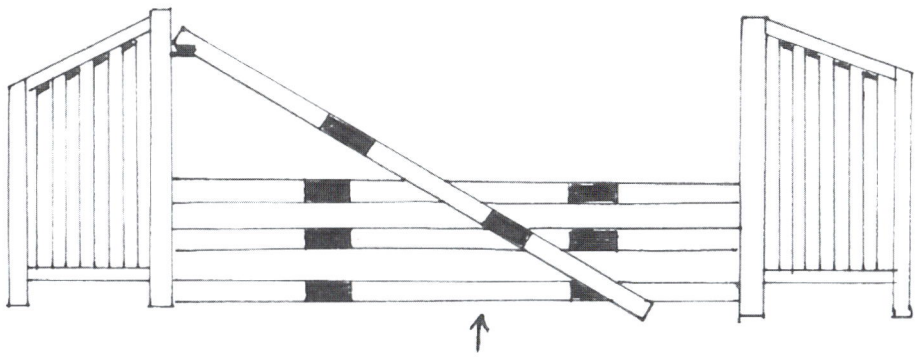

● Weicht dein Pferd ständig zu einer bestimmten Seite von der geraden Linie ab, ist die Ursache in der Schiefe des Pferdes begründet.
● Ein »rechtsschiefes« Pferd solltest du vermehrt aus einer Linkswendung bzw. in Linksstellung mit deutlich einwirkendem inneren Schenkel an den Sprung heranreiten, ein »linksschiefes« Pferd umgekehrt.

Problem

Dein Pferd springt schräg, weicht im Absprung zu einer Seite von der Sprungmitte ab.

Grund-sätzlich

Ursachen sind mangelnde Geraderichtung und damit ungleiche Lastaufnahme beider Hintergliedmaße in der Absprungphase sowie sehr häufig Sitzfehler des Reiters, vor allem seitliches Abknicken im Oberkörper über dem Sprung.

Tips

● Überprüfe und korrigiere deinen Sitz über dem Sprung, bleibe stets mit Mittelpositur, Oberkörper und Kopf mitten über dem Pferd, der Fußdruck auf beiden Bügeln muß gleich groß sein.
● Versuche die Geraderichtung deines Pferdes auf ebenem Hufschlag zu verbessern.
● Es empfiehlt sich, ein nach links (bzw. rechts) ausweichendes Pferd vermehrt von der linken (bzw. rechten) Hand in einem spitzen Winkel, also nicht senkrecht zum Sprung, zu reiten; übertreibe dies nicht, sonst provozierst du ein Verweigern bzw. Vorbeilaufen.
● In Einzelfällen kannst du kurzfristig Erfolg erzielen, indem du den

Kreuzsprung einseitig erhöhst bzw. eine zusätzliche einseitig eingelegte Stange verwendest (s. Abb. oben).
● Eine Hilfe bildet oft auch eine schräg in der Hindernismitte aufgelegte Stange, wie in der Abbildung auf der Seite 72 skizziert.

Problem

Dein Pferd springt verkrampft und mit weggedrücktem Rücken.

Tips

● Überprüfe, ob dein Pferd auf dem ebenen Hufschlag ausreichend losgelassen ist, anderenfalls ist die Lösephase zu verlängern.
● Übe vermehrt hintereinander die Lektion »Zügel aus der Hand kauen lassen« im Trab und Galopp; diese Übung fördert einerseits die Losgelassenheit und das Vertrauen des Pferdes zur Reiterhand und ist darüber hinaus die beste Vorübung zur Entwicklung der Bascule; das Verlängern des Zügels entspricht der nachgebenden Zügelhilfe über dem Sprung, die Vorwärts-Abwärts-Dehnung des Halses ist Voraussetzung für die Aufwölbung des Pferderükkens über dem Sprung.
● Eine gute Vorübung im Gelände ist das Reiten über Bodenwellen und leichte Hügel, da hierbei die für das basculierte, losgelassene Springen benötigten Muskelgruppen in vergleichbarer Weise beansprucht werden.
● Alle Übungen zur Verbesserung der Längsbiegung helfen ebenfalls, die Rückentätigkeit zu verbessern, da hierbei wechselseitig die beiderseits der Wirbelbrücke verlaufenden

71

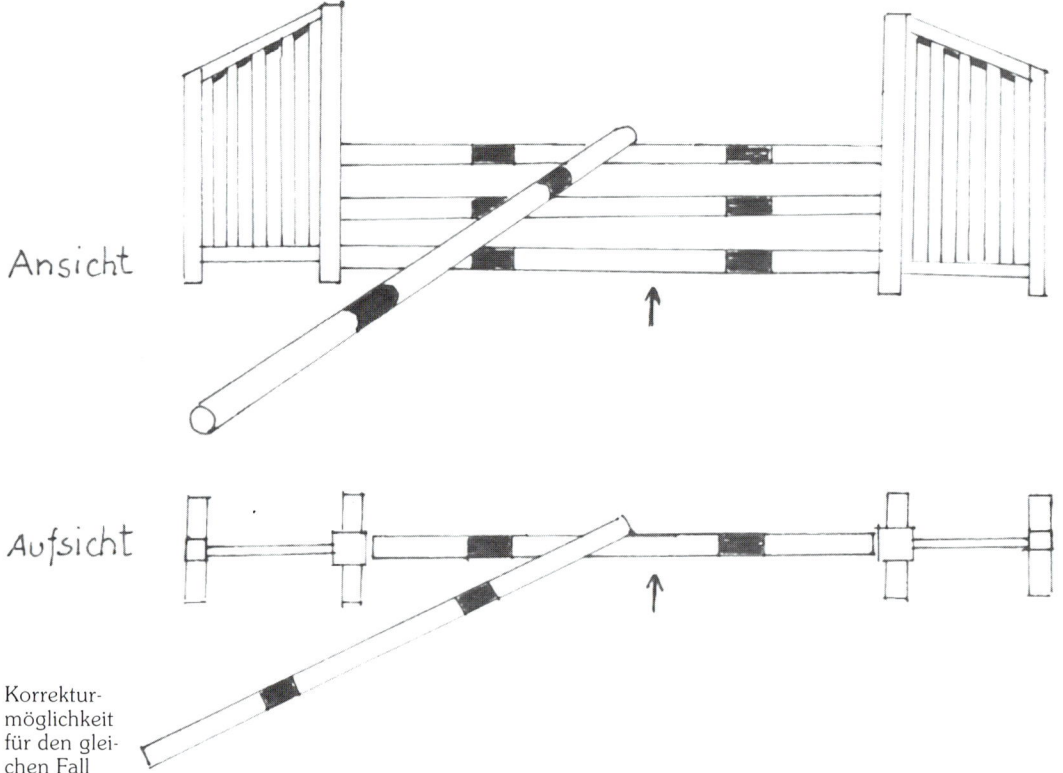

Ansicht

Aufsicht

Korrektur-
möglichkeit
für den glei-
chen Fall
wie auf der
Seite zuvor.
Hier jedoch
mit einer
schräg in
der Hinder-
nismitte auf-
gelegten
Stange.

Muskelstränge aktiviert und gekräftigt werden.

**Wichtig: Vermeide Handfeh-
ler: Die Reiterhand darf weder festgestellt sein und blok-
kieren noch durch plötzliches
Vorschieben die Verbindung
völlig aufgeben.**

● Bei Pferden mit Rückenproble-
men ist auf einen besonders entla-
stenden Sitz, gerade auch in der Landephase, zu achten.
Weitere Vorschläge zur Verbesserung der Rückentätigkeit und Bascule findest du im Kapitel über springgymnastische Übungen.

Problem Dein Pferd springt unvorsichtig, tou-
chiert mehrfach.

Tips ● Versuche zunächst herauszufinden, welche Ursache das Touchieren
(Anschlagen) haben kann.

Bei Ermüdung eine kurze Pause ein-
legen und mit einem niedrigen,
freundlichen, aber gelungenen
Sprung sofort die Arbeit beenden.
● Aus erzieherischen Gründen solltest du nie mit einem unvorsichtigen
bzw. unsauberen Sprung die Ausbildung beenden.
● Hat dein Pferd noch Schwierigkeiten, den richtigen Absprung zu
finden und die richtige Flugkurve für
einen fehlerfreien Sprung zu entwik-
keln, solltest du die Grundlinie deutlich markieren und mit einer vorge-
zogenen Absprungstange arbeiten;
ggf. Taktstange vorlegen (ca.
2–2,30 m vor dem Hindernis beim
Springen aus dem Trab).
● Bei noch mangelnder Beintech-
nik zunächst die Anforderungen
niedrig halten und durch gezielte
Übungen allmählich dem Pferd zu
besserer Technik, Geschicklichkeit
und Reaktionsschnelligkeit verhel-
fen (siehe hierzu auch Kap. 3.3.).

72

Wichtig: In der Ausbildungsphase _nie_ ein Pferd zu einem Anschlagen bzw. einem Fehler (Abwerfen) provozieren!

● Bei jedem Sprung muß dein Pferd die hundertprozentige Chance haben, das Hindernis fehlerfrei zu überwinden.

● Versuche daher, Abwürfe und Fehler grundsätzlich zu vermeiden.

● Reite stets gleichmäßig an ein Hindernis, sonst wird dein Pferd mißtrauisch.

● Dein Pferd darf nie Angst haben vor einem Hindernis.

● Bestrafe dein Pferd nie mit der Hand, z. B. durch harte Paraden, Peitschenschlag oder Spornieren für ein evtl. Abwerfen, da es diese Strafe nicht in einen Zusammenhang mit dem Fehler bringen kann. Dein Pferd wird lediglich nervös, ängstlich und verkrampft sich.

● Dein Pferd reagiert bei Angst und Unsicherheit wie du selbst: es macht erst recht Fehler!

● Bei nachlassender Aufmerksamkeit mußt du darauf achten, Monotonie in deiner Arbeit zu vermeiden, d. h. du solltest häufiger das Hindernis wechseln, nicht mehrfach dasselbe Hindernis anreiten.

● Auch durch Wechsel im Hindernismaterial und kleine Veränderungen am Sprung (z. B. Decke auflegen, Kegel o. ä. darunterstellen) kannst du die Aufmerksamkeit deines Pferdes vermehrt wieder auf den Sprung lenken.

● Reite gelegentlich aus für das Pferd überraschenden Situationen ein Hindernis an, z. B. aus engeren Wendungen oder direkt nach einer kurzen Pause.

● Nimm möglichst häufig »Tapetenwechsel« vor, d. h. auf fremden Plätzen springen.

Weitere Möglichkeiten, die Aufmerksamkeit und die Springtechnik zu verbessern, findest du im Zusammenhang mit den springgymnastischen Übungen (siehe hierzu Kapitel 3.3.).

Kleine Sprünge im Gelände fördern Vertrauen und Geschicklichkeit des Pferdes.

Wie oft springe ich in der Woche?

Hierauf gibt es keine für alle Pferde geltende Antwort; die Häufigkeit richtet sich nach Alter, Ausbildungsnotwendigkeiten und Einsatz des Pferdes.

Ein Pferd, das in den Spring- oder Vielseitigkeitssport hineinwachsen soll, wird sicher drei- bis viermal pro Woche über Stangen bzw. Hindernisse gearbeitet, wobei in der Vielseitigkeitsausbildung das Springen im Gelände Bestandteil der regelmäßigen Springausbildung ist.

Ein normales Reit- oder Dressurpferd hingegen kann und sollte ein- bis zweimal pro Woche springgymnastische Übungen absolvieren.

Noch unerfahrene, unsichere oder nervöse Pferde sollte man eher etwas häufiger springen, dafür aber weniger Sprünge pro Trainingseinheit; bei solchen Pferden muß die Einbeziehung von Hindernissen oder Arbeit über Stangen zu einem selbstverständlichen Bestandteil der gesamten Ausbildung werden.

Bedenke Das Überwinden von leichten Hindernissen aus dem Trab kann man von der Belastung her kaum als Springen bezeichnen.

Das Pferd muß rechtzeitig an höhere und größere Belastungen gewöhnt werden. Schonende, aber regelmäßige Springarbeit ist daher gutes gesundheitsförderndes Training, wenn dein Pferd auch später Parcours, Geländeritte, Jagden oder auch anstrengende Dressuren gehen und langfristig einsatzfähig sein soll.

3.3. Spring-gymnastik

Natürlich soll jeder Sprung, auch ein Einzelhindernis, dein Pferd zusätzlich zu der Arbeit auf ebenem Hufschlag gymnastizieren und damit die Elastizität, Geschmeidigkeit, die Kräftigung der Muskulatur sowie die Beherrschung der Gliedmaßen bei deinem Pferd entwickeln und verbessern helfen. Der *gymnastizierende Effekt* läßt sich jedoch noch steigern, wenn die Springarbeit über Hindernisreihen (z.T. wie beim Freispringen) in Verbindung mit unterschiedlichen Distanzen in die dressurmäßige Arbeit mit einbezogen wird. Mit der Schulung über Kombinationen kannst du beginnen, wenn dein Pferd sicher und gerade über niedrige Einzelhindernisse zu springen gelernt hat.

Die reiterlichen Kriterien, beispielsweise das Einhalten von Takt und Rhythmus, richtiges Tempo, sicher an den Hilfen auf der gewünschten Linie, sowie auch die Bedingungen für den Hindernisaufbau gelten wie bei der Arbeit über Einzelsprünge (siehe auch Kap. 3.2.).

Wie entwickle ich eine Hindernisreihe?

Ich empfehle das *schrittweise Vorgehen* wie folgt:

● Vor das erste Hinderniselement wird im Abstand von ca. 2 m – 2,20 m eine Taktstange gelegt, wie es deinem Pferd aus der Trabarbeit über Einzelsprünge bereits bekannt ist.

● Die Übung wird erweitert um eine auf dem Boden liegende Planke bzw. ein niedriges Cavaletti ca. 3 m – 3,50 m hinter dem Hindernis.

● Die Distanz hängt ab von der Höhe des Hindernisses und der Länge des Galoppsprungs.

● Häufig werden statt Planken oder Cavalettis auch normale Stangen verwendet, die jedoch im Falle des Auffußens zu einer Verletzung führen können.

● Nach mehrmaligem Überwinden dieser kleinen Übung baust du das nächste Hindernis der Gymnastikreihe in einer Distanz von ca. 6 m – 6,50 m vom ersten Hindernis.

● Diese Art des Aufbaus – abwechselnd Hindernis und am Boden liegendes Element – kannst du schritt-

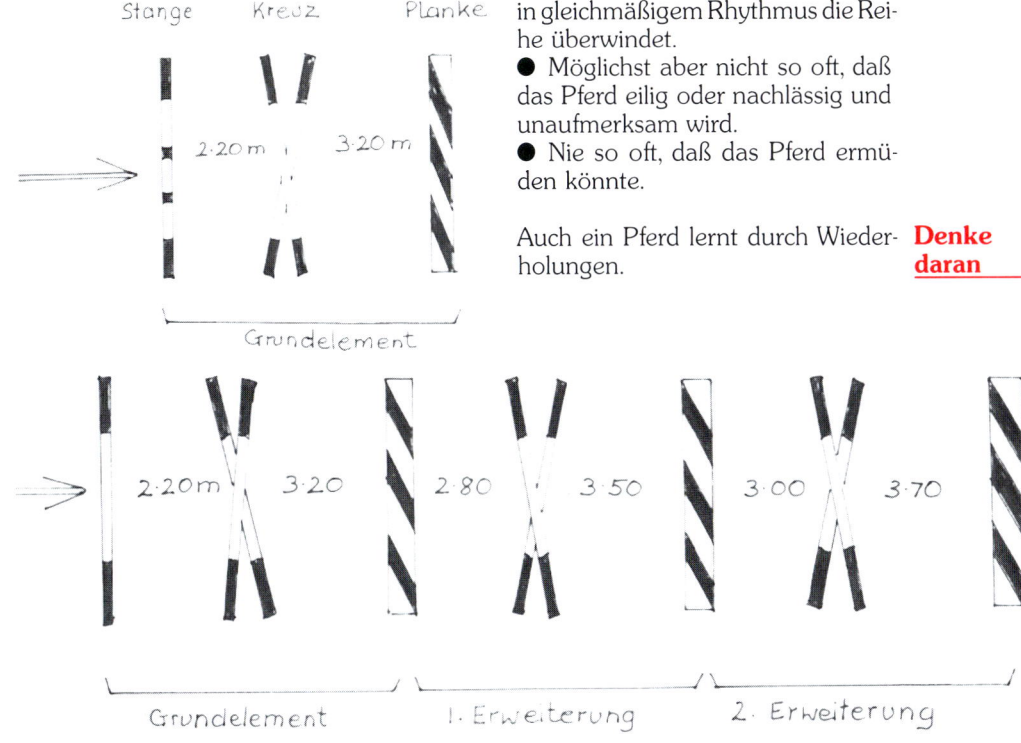

Stange Kreuz Planke

2·20 m   3·20 m

Grundelement

2·20m 3·20 2·80 3·50 3·00 3·70

Grundelement   1. Erweiterung   2. Erweiterung

in gleichmäßigem Rhythmus die Reihe überwindet.

● Möglichst aber nicht so oft, daß das Pferd eilig oder nachlässig und unaufmerksam wird.

● Nie so oft, daß das Pferd ermüden könnte.

Auch ein Pferd lernt durch Wiederholungen.

Denke daran

weise erweitern und damit die Springreihe verlängern (s. Abb. links und unten).

Merke dir Die Distanzen können im weiteren Verlauf der Reihe geringfügig länger werden.

Erfahrungen zeigen, daß die Pferde auf diese Weise schneller und einfacher lernen, eine Hindernisreihe flüssig, gerade und rhythmisch zu überwinden, da sie stets in ihrer Aufmerksamkeit auf das nächste Element gefordert und davon abgelenkt werden, sich seitlich den Hilfen zu entziehen, auszubrechen oder eilig zu werden und durch die Reihe zu stürmen. Nach und nach können einzelne der zwischengelegten Planken oder Cavalettis entfernt und die Distanzen auch auf zwei oder drei Galoppsprünge verändert werden.

Wie oft reite ich über eine Hindernisreihe?

● So oft, bis das Pferd ganz selbstverständlich losgelassen, flüssig und

Ein bei der Springgymnastik zu erzielender Bewegungsablauf und das gewünschte Springverhalten können sich nur einstellen, wenn es durch mehrfaches Üben gefestigt wird, vermeide jedoch Überforderungen, sowohl mental als auch physisch.

Häufiges Springen in kurzen Abständen wie in einer Springreihe strengt dein Pferd deutlich mehr an als das Überwinden von Einzelhindernissen. Daher mußt du gerade ein noch weniger trainiertes Pferd langsam daran gewöhnen und das Training aufbauend gestalten.

● Versuche durch Veränderungen und Abwechslungen deinem Pferd die Springarbeit interessant und lehrreich zu machen.

● Bemühe dich, das ganze Pferd in allen seinen Anlagen zu gymnastizieren und zu fördern.

● Vermeide Einseitigkeit.

● Bearbeite dein Pferd nicht nur an seinen problematischen Punkten, sondern auch auf seinen »Schokoladenseiten«.

Entwicklung einer Springgymnastikreihe (ca.-Distanzen).

75

● Gönne deinem Pferd zwischendurch immer wieder kleine »Denk-« und Erholungspausen.

3.3.1. Ausgewählte springgymnastische Übungen im Rahmen der Grundausbildung

Die Vorschläge bei den nun folgenden Übungsschwerpunkten sind so ausgewählt, wie sie in der Ausbildung bis zum erfolgreichen Überwinden von Stilspringen mit Standardanforderungen aus meiner Sicht von Bedeutung sind.

Bei allen Übungsbeispielen gehe ich davon aus, daß das Pferd bereits gut gelöst und die vorbereitende Arbeit abgeschlossen ist.

Übungen zur Verbesserung von Gleichmäßigkeit und Rhythmus

Rhythmusschulung beginnt auf dem ebenen Hufschlag in Verbindung mit allen taktsichernden und das Gleichgewicht schulenden Einwirkungen und Ausbildungsmethoden, z.B. halben Paraden, Handwechsel, Cavalettiarbeit.

Merke dir Häufige Ursache für Rhythmusstörungen ist ein falsches Grundtempo.

● Bemühe dich also zunächst, das für dein Pferd und für das jeweilige Hindernis bzw. die Kombination passende Tempo zu finden und einzuhalten.
● *Vermeide* beim Anreiten eines Hindernisses *jedes abrupte Zulegen oder Aufnehmen*.
● Bringe dein Pferd nicht aus der Balance, verändere nicht plötzlich die Länge des Galoppsprungs und ermögliche deinem Pferd, daß es sich auf das Hindernis und den richtigen Absprung konzentrieren kann.

Oft ist es hilfreich, *vor dem Anreiten* zunächst *ein längeres Stück* in dem für richtig gehaltenen *Grundtempo zu reiten*, um sich das Gefühl hierfür anzueignen.

Gymnastikreihen sind besonders geeignet, das Gefühl des Reiters für den Rhythmus zu entwickeln. Ich empfehle hierzu, wenn möglich, längere Reihen mit mehreren niedrigen Hinderniselementen, die in möglichst optimalen Distanzen aufgebaut sein sollten.

Der weitere Rhythmus wird im wesentlichen durch den ersten Sprung bestimmt, daher sollte der Einsprung in eine Reihe das Rhythmusfinden erleichtern, z.B. durch eine vorgelegte Taktstange (beim Einspringen aus dem Trab) bzw. einen leichten In-out (beim Einspringen aus dem Galopp).
● Bei Abständen von mehr als einem Galoppsprung können zwischengelegte Hinderniselemente, z.B. Planken oder niedrige Cavalettis, den Rhythmus sichern helfen.
● Das *Profil der Sprünge* sollte *freundlich sein*, d.h. einladende, schmale Oxer, Steilsprünge mit vorgezogener Grundlinie.

Stange Kreuz Planke

→ 2·20 3·20 m 2·8

● Die *Distanzen* solltest du so wählen, daß bei richtig gewähltem Tempo *möglichst wenig reiterliche Einwirkung erforderlich ist*.
● Jedes unnötige Treiben oder Parieren solltest du strikt vermeiden.

76

Denke daran

Rhythmusfehler sind Reiterfehler! Rhythmusstörungen durch den Reiter ziehen meist weitere Fehler und Mängel beim Pferd nach sich, z. B. Abwürfe, Spannungen, Verunsicherungen, Erregbarkeit, sonstige Rittigkeitsmängel, fehlendes Taxiervermögen.

Übungen zur Verbesserung von Bascule und Rückentätigkeit

Wie bereits in Kapitel 3.2. beschrieben, solltest du besonderen Wert auf die lösende Arbeit vor Beginn der Springausbildung legen.

Häufiger Wechsel zwischen Dressur- und Dehnungshaltung, häufiges Zügel-aus-der-Hand-kauen-Lassen in allen drei Gangarten sowie *alle Übungen zur Verbesserung der Längsbiegung*, z. B. Wendungen, Schulterherein, fördern die Tätigkeit der Rückenmuskulatur und Elastizität des Nackenbandes, welches für die Aufwölbung des Pferderückens und die Dehnung des Halses über dem Sprung eine zentrale Bedeutung hat. Ich weise auch hier noch einmal auf den besonderen Wert der

Gymnastikreihe zur Rhythmus- und Distanzschulung mit Einsprung aus dem Trab (obere Reihe) bzw. aus dem Galopp (untere Reihe).

Schulung im Gelände hin; insbesondere das Reiten in leichter Anlehnung bei etwas tieferer Einstellung über leichte Hügel oder Bodenwellen in allen Gangarten, aber im ruhigen Tempo (kein Klettern!), beeinflussen die Kräftigung und Aktivität der für das basculierte Springen benötigten Muskelgruppen besonders wirkungsvoll!

Wichtig: Die *Erfahrung zeigt, daß beim Erreichen der gewünschten Dehnungshaltung die meisten groben Fehler gemacht werden*, oft in Verbindung mit Hilfsmitteln wie Schlaufzügeln.
***Dehnungshaltung* ergibt sich dadurch, daß das Pferd beim Verlängern des Zügels den Hals vorwärts-abwärts dehnt, ohne daß die Anlehnung, d. h. die Verbindung zum Pferdemaul verloren geht.**

● Dein Pferd soll auch in der so erreichten tieferen Einstellung weich an die Reiterhand herantreten, ohne sich auf das Gebiß zu legen.

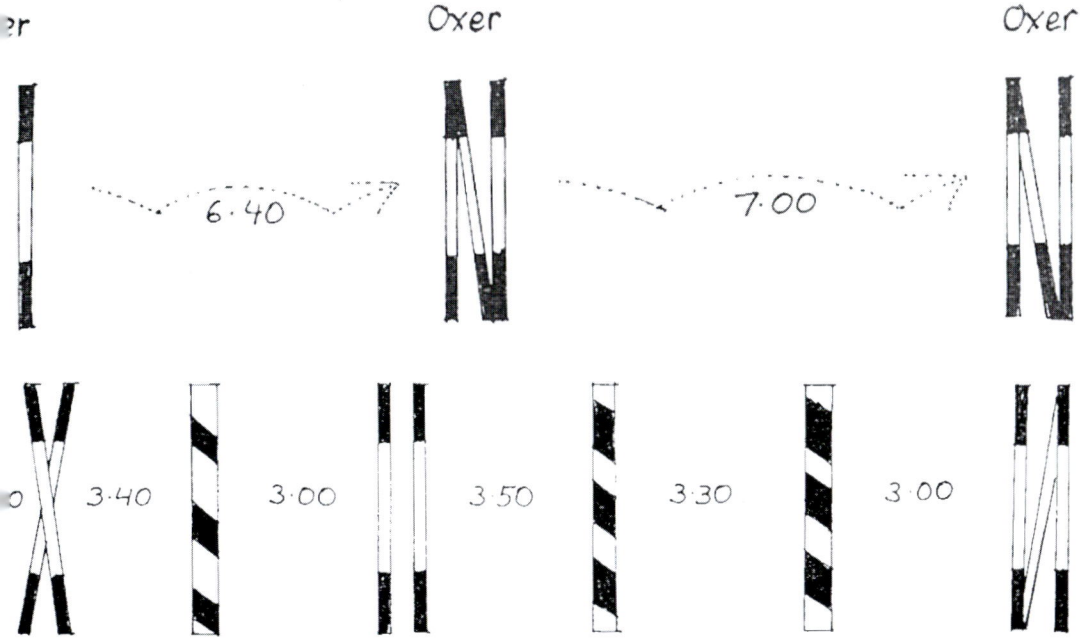

77

● Dein Pferd muß also *auch in Dehnungshaltung* weiter *im Gleichgewicht* bleiben, darf nicht auf die Vorhand kommen und die Hinterbeine schleppend nachziehen.

● In Dehnungshaltung muß daher oft vermehrt getrieben werden.

● Stößt dein Pferd mit dem Kopf ruckartig nach unten, so stellst du es kurzfristig etwas stärker ab und verlängerst aus der Stellung heraus auf einer gebogenen Linie langsam den Zügel.

● Schlägt dein Pferd mit dem Kopf nach oben, ist dies in der Regel ein Zeichen für eine zu harte Reiterhand und eine zu starke Anlehnung; bemühe dich um eine weichere Hand.

● Die Dehnung vorwärts-abwärts erreichst du leichter, indem du auf einer Zirkellinie die innere Hand deutlich vom Widerrist ab nach innen führst.

Eine breite Zügelführung vermindert den Gebißdruck auf das Pferdemaul und erleichtert es auch sehr empfindlichen Pferden, den Weg in die Tiefe zu finden.

Merke dir Bei jeder mit der Hand oder mit Hilfszügeln erzwungenen tiefen Kopfhaltung des Pferdes erreichst du statt Losgelassenheit genau das Gegenteil.

Auf jeden Zwang reagiert dein Pferd mit einem Gegendruck, d. h. es wird sich mit der Unterhalsmuskulatur gegen den Zügel und den Hilfszügel stemmen; die Folge ist, daß sich die Spannung über den Pferderücken fortsetzt und damit genau die für das Springen ungünstige Muskulatur gekräftigt wird.

Ein Herunterziehen des Pferdehalses führt auch dazu, daß das Pferd damit aus dem Gleichgewicht gebracht und vermehrt auf die Vorhand geritten wird; es wird somit um so schwerer, die Hinterhand aktiv zu halten; die Kruppe bleibt bzw. kommt erst recht hoch und der Rükken wird trotz der tiefen Halseinstellung nicht zum Schwingen gebracht.

78

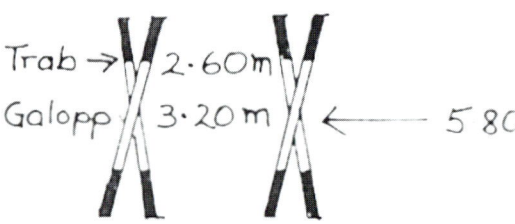

Viele Pferde weichen bei erzwungener Anlehnung mit dem Maul nach hinten aus; das Pferd geht »mit der Nase auf der Brust« und in der Regel mit einem falschen Knick; auch hier kommt es nicht zu vermehrter, sondern zu verminderter Rückentätigkeit.

Nicht jede tiefe Einstellung von Kopf und Hals des Pferdes ist eine gewünschte Dehnungshaltung! Die Dehnung des Halses muß, wie beim basculierten Sprung, aus dem Widerrist des Pferdes heraus erfolgen, nur so ist auch eine Aufwölbung des Rückens möglich. Mit einer, wie auch immer, erzwungenen tiefen Einstellung erreichst du nur das Gegenteil! **Achte darauf**

● Beim Springen mußt du sicherstellen, daß du stets ausreichend mit der Bewegung mitgehst, den Pferderücken gut entlastest und eine stets besonders weiche Verbindung zum Pferdemaul herstellst; eine blockierende oder rückwärts wirkende Hand oder belastender Sitz hinter der Bewegung hindern das Pferd an der Entwicklung der Bascule.

● Bemühe dich bereits in der Anreitephase, den Pferdehals zu mehr Dehnung zu bringen, und versuche, mit tiefer Hand Richtung Pferdemaul vorzugehen, ohne den Kontakt völlig aufzugeben; bei vielen Pferden ist eine breitere Handhaltung und Zügelführung hilfreich.

● Es ist fehlerhaft, das Pferd in der Anreitephase bis zum Absprung in eine tiefe Haltung einzuzwängen, da es sich beim Vorgehen der Hand

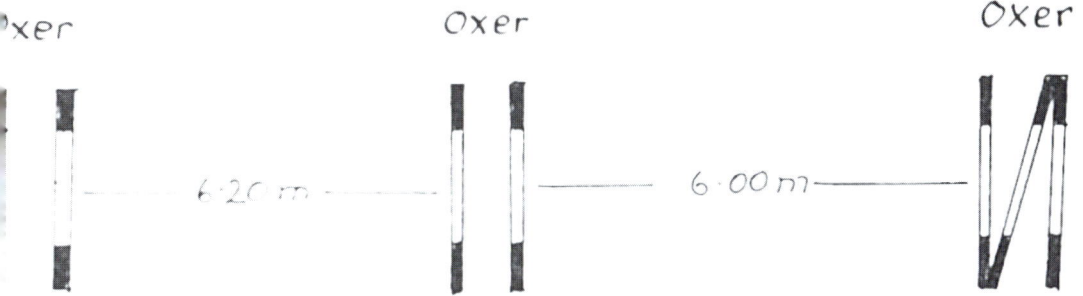

Oxer   Oxer   Oxer

6·20 m   6·00 m

über dem Sprung erst recht nach oben freimachen und damit den Rücken nach unten durchdrücken wird.

Merke dir Bevor du mit gezielten Springübungen zur Verbesserung der Bascule beginnst, solltest du zur Vorbereitung mehrere Einzelsprünge und kleine In-outs aus dem Trab springen.

In der folgenden Gymnastikreihe sind drei bis maximal vier aufeinanderfolgende, niedrige Oxer mit einem Abstand von jeweils einem Galoppsprung enthalten.
Distanzen und Abmessungen sollten zunächst recht leicht und freundlich sein, um ein völlig unverkrampftes Springen ohne größere Anstrengung zu ermöglichen. Ein Aufbaubeispiel hierzu zeigt die Abbildung oben.
Die Anforderungen werden langsam in der Weise gesteigert, daß die Oxer vorne leicht erhöht und dann langsam nach vorne hin erweitert werden; hierdurch werden die Distanzen zwischen den Hindernissen reduziert.
Die engeren Distanzen und die niedrigen, aber leicht erweiterten Oxer *veranlassen das Pferd, in der Absprungphase mit stärker untergesetzten Hinterbeinen abzufußen* und sich über dem Oxer vermehrt in der Oberlinie zu dehnen; die Auswirkungen auf die Rücken- und Kruppenmuskulatur durch die Abfolge der engen Distanzen mit Hochweitsprüngen ist im übertragenen Sinne vielleicht mit der Spannung und Entspannung einer Blattfeder zu vergleichen.
Um eine stärkere Aufwölbung und Dehnung in der ersten Hälfte der Flugkurve zu erzielen, ist bei vielen Pferden auch der In-out mit erhöhtem Aussprung empfehlenswert. Eine maximale Dehnung in der Oberlinie, insbesondere auch in Verbindung mit einem stärkeren Unterspringen der Hintergliedmaße bei Absprung und Landung erreichst du durch Wall- bzw. Billardaufsprünge (siehe Abb. unten).
Insofern ist es auch im Zusammenhang mit der allgemeinen Springausbildung bedauerlich, daß Wälle und Billards wie auch andere Naturhindernisse von den meisten Turnier- und Trainingsplätzen verschwunden sind.

Beispiel für eine Übungsreihe zur Verbesserung der Bascule (die Distanzen sind ca.-Angaben).

Geländeübung zur Verbesserung der Rückentätigkeit, bei der eine optimale Dehnung der Oberlinie erreicht wird.

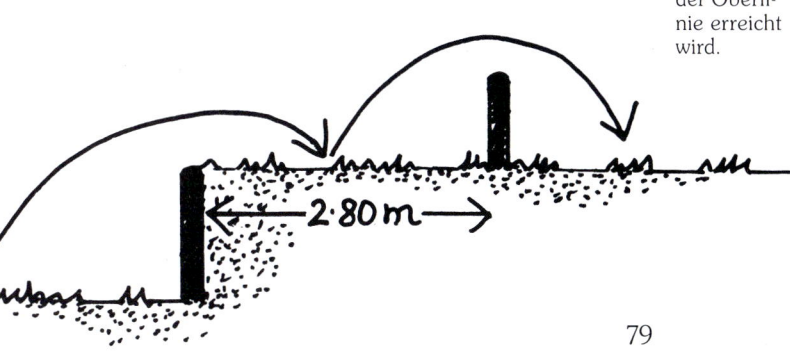

2·80 m

79

Reiter und Pferd in sehr gutem Stil. Etwas mehr nachgeben mit der Hand ist besser als damit zu blockieren.

Gelegentlich wird zur Verbesserung der Bascule empfohlen, Flatterband oder eine abgerollte Bandage hinter das Hindernis oder eine schräge Stange über einen Oxer zu legen, um das Pferd über dem Sprung zum Hinunterschauen und damit zur Dehnung zu veranlassen.

Solchen Ausbildungsmethoden, die mehr auf optischen Effekten beruhen, messe ich jedoch nur geringen Wert bei, da sie mehr das Symptom als die Ursache beeinflussen; solche Effekte lassen in ihrer Wirkung erfahrungsgemäß schnell nach.

Wichtig: *Bascule* läßt sich *nicht erzwingen*!

● Steigere die Anforderungen nur langsam, mit Überforderungen erreichst du nur das Gegenteil.
● *Konzentriere dich auf deinen Sitz und deine Einwirkung*, insbesondere auf das Mitgehen in die Bewe-

gung, die Entlastung des Pferderükkens und auf das Nachgeben mit der Hand.

Übungen zur Verbesserung des Taxiervermögens

Ziel der Springschule in der Grundausbildung *muß sein, daß dein Pferd* aus dem richtigen Grundtempo und bei rhythmischem Anreiten weitgehend *selbständig zu taxieren und Distanzen zu überbrücken lernt*. Je nach Veranlagung des Pferdes wirst du jedoch gezielte Springübungen einsetzen müssen, um entweder dein Pferd zu vermehrtem Anziehen der Hindernisse oder zu einem stärkeren »Zurückkommen« vor dem Hindernis zu motivieren.

Bei etwas *zögernden und im Tempo nachlassenden Pferden,* auch bei sol-

Nur bei guter Grundausbildung und vollkommenem Vertrauen des Pferdes zum Reiter kommt es zu solchen Sprüngen im Hochleistungssport (Thies Kaspareit mit Sherry).

80

chen mit geringerer Übersetzung, solltest du in der vorbereitenden Arbeit versuchen, den Gehorsam und die *Empfindlichkeit auf die treibenden Hilfen zu verbessern*, z. B. durch häufige Gangart- und Tempounterschiede, häufiges, aber kurzes Zulegen aus den Arbeitstempi, vermehrtes Angaloppieren aus dem Trab.

Die *Qualität des Galoppsprungs läßt sich* wirkungsvoll beim *Cantern im Gelände verbessern*; regelmäßiges Galopptraining im freien Parcourstempo empfehle ich als ständigen Bestandteil in der Arbeit eines jeden Reitpferdes.

● Die vorbereitenden Einzelsprünge solltest du bereits überwiegend aus dem Galopp absolvieren. Auch das Einspringen in die Gymnastikreihe erfolgt aus dem Galopp.

● Miß die Distanz anfangs für dein Pferd passend ab und ziehe sie später etwas weiter. Die *Abstände zwischen den Hindernissen* werden für zwei bis drei, ggf. auch vier Galoppsprünge vorgesehen (ca. 9,80 m—10,50 m, 14 m—14,60 m, bzw. 17,50 m—17,80 m), damit du bei Bedarf zwischen den Sprüngen dein Pferd besser treibend unterstützen kannst.

● In-outs solltest du bei Pferden, die noch zögernd springen, zunächst vermeiden.

Das Profil der Hindernisse sollte sehr einladend sein, um dein Pferd zum flüssigen Springen und zu einer harmonischen Flugkurve zu veranlassen; ein Aufbaubeispiel zeigt die Abbildung auf Seite 82.

Bei zögerlichen Pferden darf die Verbindung zum Pferdemaul durchaus etwas stärker sein, soweit sie durch vermehrtes Treiben und nicht allein durch Gegenhalten mit der Reiterhand erreicht wird.

Die treibende Einwirkung soll ausschließlich mit den Schenkelhilfen erfolgen.

Achte darauf

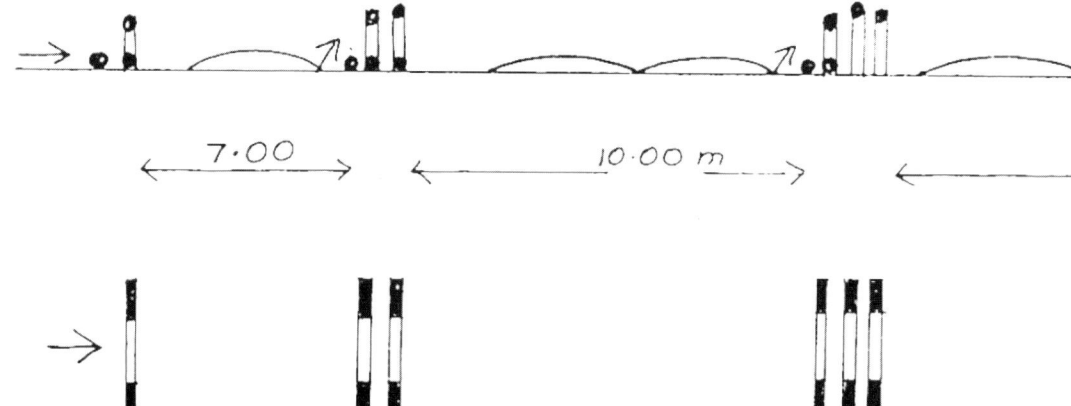

Oben: Beispiel für eine geeignete Springreihe zur Verbesserung von zögernd springenden Pferden (die Distanzen sind ca.-Angaben).

Das häufig zu beobachtende Platznehmen im Sattel und der starke Einsatz der Gewichtshilfen — meist verbunden mit unruhigem Oberkörper — vor und zwischen den Hindernissen, halte ich für fehlerhaft und störend für das Pferd.

Um dein Pferd mit engeren Distanzen vertraut zu machen, es auch bei höherem Tempo oder größerer Übersetzung dazu zu erziehen, am

Hindernis »zurückzukommen«, solltest du bei der vorbereitenden Dressurarbeit besonderen Wert auf die Durchlässigkeit anhand halber Paraden und Übergänge legen.

Wenn das Aufnehmen und die Paraden auf dem ebenen Hufschlag nicht gelingen, klappen sie erst recht nicht in Verbindung mit den Hindernissen.

Übe die halben Paraden, insbeson-

Unten: Auch dieser überzeugende Stil von Reiter und Pferd ist nur bei reeller Grundausbildung erreichbar (Thies Kaspareit mit Sherry).

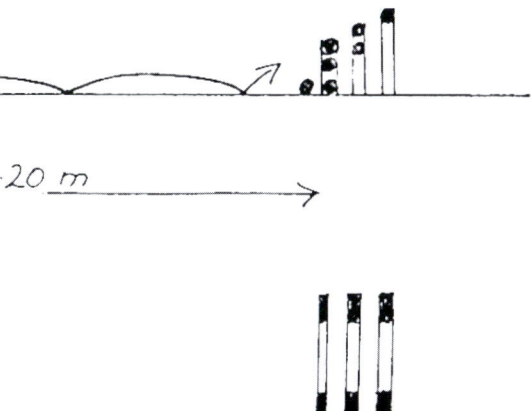

·20 m

dere das Verkürzen der Galopp-sprünge auch im leichten Sitz mit verkürzten Bügeln; hierzu wird der Oberkörper mehr zurückgenom-men, das Gesäß kommt näher an den Sattel und die Mittelpositur schwingt gleichzeitig mit den anneh-menden Zügelhilfen vorwärts-ab-wärts.

Geschmeidige Übergänge zwischen dem leichten Sitz und dem Aussit-zen mit den kurzen Bügeln sind eine gute Sitzübung zur Vorbereitung der halben Paraden.

Wichtig: Vermeide, dich bei den Paraden mit geradem Knie und hohem Gesäß in die Bügel zu stellen und nur mit dem Zügel zu parieren. Korri-giere diesen Fehler, indem du zur Parade kurzfristig mit den Füßen aus den Bügeln gehst.

Je nach Ausbildungsstand solltest du zusätzlich leichte *versammelnde Übungen*, z.B. Galoppvolten, ver-mehrt in die vorbereitende Dressur-arbeit *einbeziehen*.

Mit Übergängen, die im Gelände an flachen Hängen oder Hügeln geritten werden, unterstützt du wirkungs-voll die versammelnde Arbeit; beim Bergaufreiten wird die Hinterhand-muskulatur gekräftigt, beim Bergab-

reiten führen die halben oder gan-zen Paraden zu einer vermehrten Hankenbeugung, damit zu einem deutlich stärkeren Untersetzen der Hintergliedmaßen und zu verbesser-ter Versammlungsfähigkeit.

Bei der Springarbeit mit etwas über-eifrigen oder mit großer Überset-zung galoppierenden Pferden mußt du besonders auf einen sehr ruhi-gen, eher passiven Sitz achten; vor allem plötzliche Oberkörperbewe-gungen beschleunigen dein Pferd noch zusätzlich.

● Setze rechtzeitig, d.h. schon ge-gen Ende der Landephase, mit den verhaltenden Hilfen ein, der Ober-körper kann schon frühzeitiger leicht zurückgenommen werden.

● Die Paraden zwischen den Hin-dernissen dürfen nur kurz erfolgen, immer in Verbindung mit nachge-benden Zügelhilfen.

● Verwende in der Hindernisreihe optisch auffälliges »bremsendes« Hindernismaterial, z.B. Planken, massive Unterstellteile o.ä., weniger Stangen.

● Wird dein Pferd im Verlauf der Reihe eiliger, so trainiere es besser über mehrere verschiedene, aber kürzere Gymnastikreihen.

Reite nicht zu häufig hintereinander dieselbe Übung. **Merke dir**

● Beginne die Springübung in der Regel mit einem In-out, die weiteren Abstände eher auf einen Galopp-sprung, da sich der Fehler des eili-gen oder zu langen Galoppsprungs bei größeren Abständen verviel-facht.

● Auch ein In-out in der Mitte oder zu Ende der Reihe helfen, dein Pferd im Tempo zurückzuführen. Ein Auf-baubeispiel zeigt die Abbildung auf der Seite 84 oben.

● Verwende anfangs Taktstangen o.ä. zwischen den Hindernissen!

● Versuche, den Galoppsprung zu verkürzen, indem du zunächst am Hindernis die Grundlinie vorziehst (Absprungstange oder Unterstell-teil) und später die Innendistanz ins-

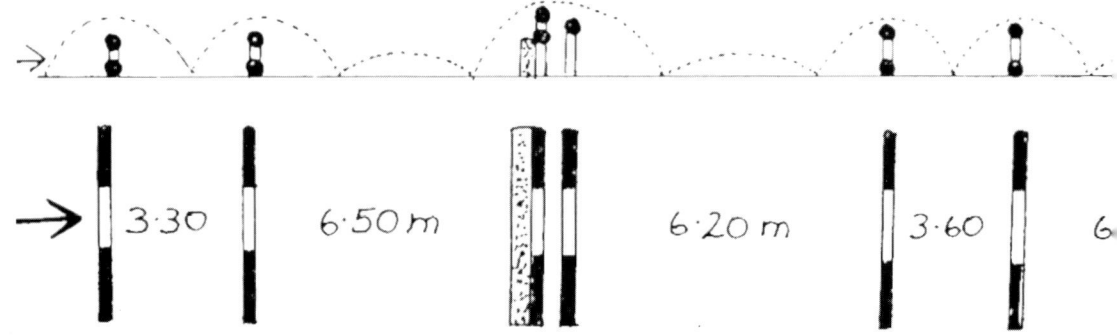

→ 3·30   6·50 m   6·20 m   3·60   6

Beispiel für eine Springreihe zur Korrektur heftig springender Pferde

gesamt reduzierst. Dein Pferd muß im Verlauf der Ausbildung lernen, auch Distanzen von nicht mehr als 6 m problemlos zu bewältigen. Viele Pferde lernen auch »zurückzu-

kommen«, wie in der Reitersprache oft gesagt wird, indem Stangen so auf das Hindernis gelegt werden, daß das Pferd in einen Winkel hineinspringt (siehe Abb. unten).

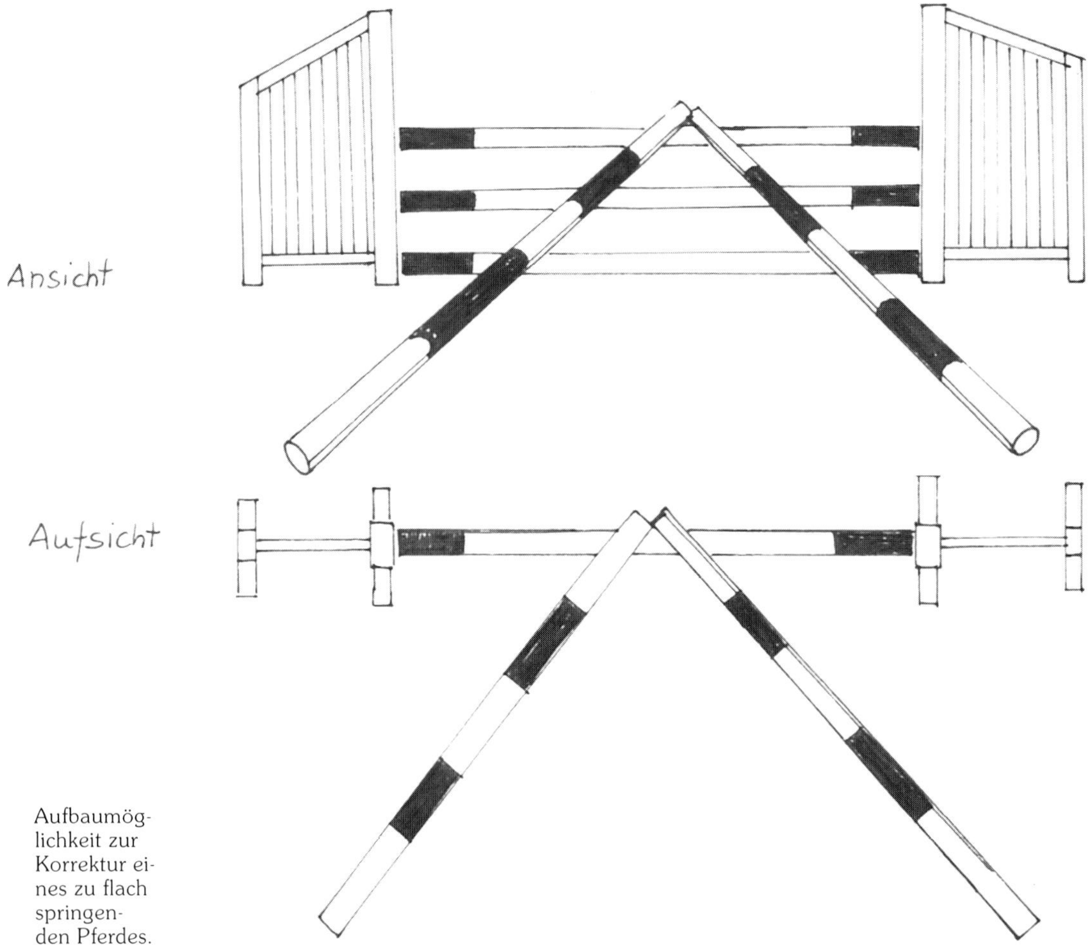

Ansicht

Aufsicht

Aufbaumöglichkeit zur Korrektur eines zu flach springenden Pferdes.

84

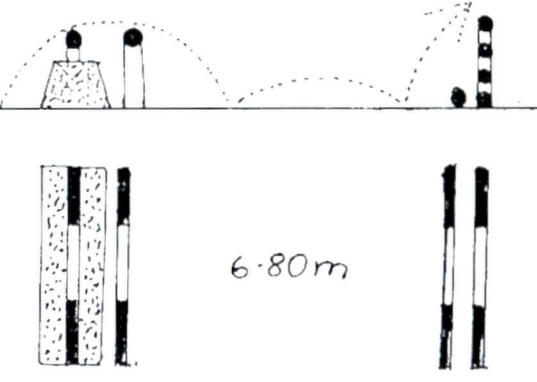

6·80m

Merke dir Versuche bei mangelndem Zurückkommen stets, erst den Galopp-
sprung zu verkürzen. Gib dem Pferd
erst eine Hilfe über Taktstangen und
vorgezogene Grundlinien, bevor du
die Distanzen verkürzst. Leite die Paraden rechtzeitig ein — nie zu spät
vor dem Hindernis noch parieren
wollen!

3.3.2. Weitere Übungen zur Verbesserung des Springverhaltens

Du mußt davon ausgehen, daß nicht
alle springtechnischen Mängel in
der Ausbildung behoben werden
können; viele Pferde sind allein aufgrund ihrer natürlichen Veranlagung nur begrenzt weiter zu fördern,
andere Pferde zeigen soviel Talent
zum Springen, daß sich viele gymnastische Übungen, insbesondere zur
Springtechnik, geradezu erübrigen.
Bis hierher sind Springübungen beschrieben und erläutert worden, die
in der Grundausbildung eines jeden
Pferdes Bedeutung haben, auch bei
der Springschulung eines angehen-
den Dressurpferdes. Sie sind abge-
stellt auf die grundlegenden Kriterien des Reitens über Hindernisse
und die häufig auftretenden Probleme und Schwierigkeiten, die sich dabei ergeben können. Sie betreffen allein das Springen über geringe Höhen und Abmessungen, wie es im

Rahmen der allgemeinen Grundausbildung üblich ist.
Möchtest du dein Pferd darüber hinaus springmäßig weiter fördern, um
es evtl. später auch in höheren Klas-
sen einzusetzen, wirst du versuchen,
auch die springtechnischen Fähig-
keiten deines Pferdes zu optimieren,
soweit die Veranlagung des Pferdes
dies zuläßt. Da die Erläuterung einer
Springschule für das spezialisierte
Springpferd nicht meine Absicht ist,
will ich hier nur kurz auf einige er-
probte Praktiken zur Verbesserung
der Springtechnik eingehen und ver-
weise ansonsten auf die weiterge-
hende Spezialliteratur.

Übungen zur Verbesserung der Vorderbeintechnik

● Versuche, die Beweglichkeit und
Kräftigung der Gliedmaßen zu verbessern, z.B. durch Klettern, Übergänge, Seitengänge, Cavalettiarbeit.
● Bemühe dich, näher an die
Grundlinie des Hindernisses heranzureiten, ggf. mit vorgelegter Taktstange.
● Einen vergleichbaren Effekt erzielst du an einem In-out mit erhöhtem Aussprung.
● In Kombinationen, die auch Oxer
mit leicht erhöhter Vorderfront enthalten können, werden die Distanzen allmählich reduziert.
● Bei ungleichmäßig angewinkel-
ten Vorderbeinen kannst du mehrfach aus engeren Wendungen bzw.
einem spitzeren Winkel springen;
ein Vorbeilaufen nicht provozieren.
● Da die Ursachen für mangelnde
Anwinkelung, vor allem im Bug-und
Ellbogengelenk, oft die gleichen
sind wie bei mangelnder Rückentätigkeit, kannst du vergleichbare
Übungen einsetzen (s. Kap. 3.3.1.).

Übungen zur Verbesserung der Hinterbeintechnik

Die Beweglichkeit und Beugefähig-
keit der Hintergliedmaßen lassen

85

sich u. a. durch Klettern, Cavalettiarbeit sowie versammelnde Übungen wie Kurzkehrtwendungen, Rückwärtsrichten, Seitengänge verbessern.

● Versuche, aus vermehrter Versammlung zu springen; schlechte Hinterbeintechnik ist in der Regel in mangelnder Versammlungsfähigkeit und Hinterhandaktivität begründet.

● Als Springübungen eignen sich hier In-outs mit leicht erhöhtem Einsprung sowie In-outs mit leichten Hoch-Weitsprüngen.

Springgymnastikreihen sollten mehrere aufeinanderfolgende Hoch-Weitsprünge enthalten, bei denen abwechselnd einmal die Vorderfront, beim nächsten die hintere Stange erhöht sein sollten.

Denke daran

Bei allen Springübungen in Verbindung mit mehreren Hoch-Weitsprüngen ist besondere Vorsicht vor Überforderung geboten, da sonst leicht das Vertrauen des Pferdes gestört werden kann!

Übungen zur Verbesserung der Schnellkraft

Schnellkraft entwickelt sich aus einer guten Hinterhandmotorik, insofern sind alle Vorübungen zur Kräftigung und Aktivierung der Hinterhand besonders geeignet (z. B. Übergänge, Verbindungen von versammelten Lektionen und Verstärkungen, Anreiten gegen einen Hang u. a.).

● Die *klassische Übung* zur Verbesserung der Schnellkraft ist der *In-out*, der Effekt kann durch mehrere aufeinanderfolgende In-outs verstärkt werden.

● Geeignet sind auch Hoch-Weitsprünge aus engeren Wendungen oder engeren Distanzen.

● Im Gelände wird die Schnellkraft insbesondere bei Bergaufkombinationen, z. B. Treppen bzw. Stufen gefördert.

Übungen zur Verbesserung der Reaktionsschnelligkeit

Das Reaktionsvermögen wird generell durch eine sehr abwechslungsreiche, vielseitig gestaltete Arbeit trainiert; hierzu gehört auch häufiges Reiten auf fremden Plätzen sowie im Gelände.

● Beim Springen sollte das Hindernismaterial, soweit möglich, häufig verändert werden.

● Wirkungsvoll ist auch ein häufiger Wechsel in den Distanzen.

● Mit etwas reaktionsträgen Pferden können Hindernisreihen aus erhöhtem Grundtempo absolviert werden.

● Das Reaktionsvermögen wird auch beim Springen aus ungewohnten Situationen geschult sowie durch das Absolvieren mehrerer verschiedener kleiner Übungen oder Kurzparcours, zwischen die kurze Pausen eingelegt werden.

Merke dir

Springgymnastik muß ein wesentlicher Bestandteil in der Grundausbildung eines jeden Reitpferdes sein, unabhängig von der späteren speziellen Verwendung des Pferdes; in der reinen Dressurausbildung ist sie eine fortlaufende Ergänzung und ein Ausgleich zur sonstigen Arbeit auf dem ebenen Hufschlag, in der spezialisierten Springausbildung wird sie später zunehmend durch das parcoursbezogene Training ersetzt.

Springgymnastik darf nicht zur Strapaze für ein Pferd werden; der große Wert solcher Übungen liegt gerade darin, daß bei niedrigen Anforderungen und geringen Abmessungen ein hoher gymnastizierender Effekt erreicht werden kann.

Die in den Abbildungen skizzierten Übungen haben nur beispielhaften Charakter, sie sind im Aufbau als Standardübungen denkbar, von denen ausgehend du weitere variierte Gymnastikreihen entwerfen und aufbauen kannst.

Abwechslung tut gut!

Bei aller Verschiedenartigkeit und Individualität von Springübungen ist dort eine Grenze, wo der Aufbau für dein Pferd unfair ist und es zu Fehlern provoziert wird. Mit Übungen, die das Vertrauen deines Pferdes untergraben, erreichst du nur das Gegenteil dessen, was du an Vorteilen mit sachgemäßer Springgymnastik erzielen kannst.

● Nutze jede Springgymnastik auch zu deiner eigenen Schulung, vor allem zu Sitzübungen beim Springen ohne Zügel oder ohne Bügel, sowie zur Distanz- und Rhythmusschulung.

3.4. Hinweise zur weiteren Springausbildung

Ziel der Springausbildung ist das erfolgreiche Absolvieren eines dem Ausbildungsstand des Pferdes angemessenen Parcours; eine gute Kontrolle darüber, ob du mit deiner Ausbildung auf dem richtigen Wege bist, sind aus meiner Sicht die sogenannten Standardparcours für Stilspringen, wie sie im Aufgabenheft enthalten sind.

Sobald dein Pferd parcoursreif ist, kannst du in regelmäßigen Abständen, z. B. etwa alle zwei Wochen, systematisch die Standardparcours mit steigendem Schwierigkeitsgrad aufbauen und einüben.

Die Kriterien des Standardparcours liegen vor allem in den Rittigkeitsaufgaben, wie den Übergängen und den Distanzen. Daher empfehle ich, *zunächst ohne Sprünge* und dann in Verbindung mit Einzelhindernissen und *kurzen Parcoursausschnitten sicherzustellen,* daß die *Durchlässigkeit* für den jeweiligen Gesamtparcours *gewährleistet* ist.

Die Abmessungen der Hindernisse spielen insofern eine Rolle, als sie einen Einfluß auf die Distanzen haben; bei niedrigeren Hindernisabmessungen müssen die Distanzen im unteren Bereich der vorgegebenen Maße liegen.

Ich empfehle bei jedem Parcoursaufbau, als Reiter die Distanzen zwischen den Hindernissen und in den Kombinationen mit dem Maßband abzumessen und zusätzlich selbst abzuschreiten, um sich so ein Gefühl für die Abstände anzueignen. Diese Erfahrung kommt dir bei Parcoursbegehungen auf fremden Plätzen und auf Turnieren sehr zugute. Du solltest davon ausgehen können, daß jedes Pferd, das sachgemäß und behutsam an die Springarbeit herangeführt worden ist und mit dem regelmäßig sinnvolle Springgymnastik als Ergänzung zur Dressurarbeit betrieben wurde, die Standardparcours in guter Manier absolvieren kann.

Die Praxis zeigt, daß dennoch immer wieder Probleme in der Ausbildung von Pferden auftreten können, und zwar nicht nur beim Springen, für die du in der Theorie und in der Literatur keine Lösung zu finden scheinst. Tatsächlich liefert dir die Theorie »nur« das Rüstzeug für die Praxis, sie ersetzt nicht das reiterliche Gefühl, das du dir in langer Zeit des Umgangs mit Pferden aneignen mußt. Wenn du die Hinweise über Springausbildung wie Angaben aus einem Kochbuch umsetzen willst, läufst du Gefahr, die Ausbildung eines Pferdes grundsätzlich mißzuverstehen als eine schematische Abrichtung des Pferdes zu bestimmten Zwecken. Vielmehr hast du es als Reiter bei jedem Pferd mit einem Individuum zu tun, das eigene mentale und körperliche Veranlagungen mitbringt. Diese zu erkennen und die Ausbildung darauf abzustellen, zeichnet gute Reiter und Ausbilder aus. Daher sollen dir die Tips aus meiner Praxis zur Springausbildung Anregungen sein, die in deine Praxis sinnvoll umzusetzen nun in deiner Verantwortung liegt.

Ausbildung
bis
Kl. A/L

Zum Foto
auf der vor-
hergehen-
den Doppel-
seite:
Die Aufrich-
tung muß
der Hanken-
beugung
entsprechen

4.1. Grund-gangarten

4.1.1 Schritt

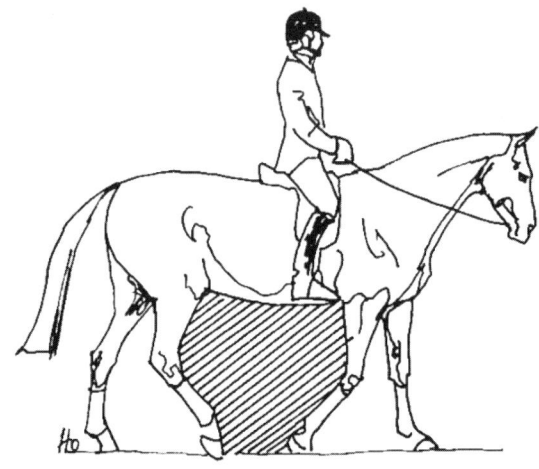

Schritt ist die Gangart, die du durch Ausbildung nur wenig verbessern kannst. Deshalb muß das zukünftige Dressur- und Vielseitigkeitspferd einen möglichst guten Schritt mitbringen. In vielen Dressuraufgaben wird der Schritt doppelt gewertet (mal 2 genommen).

Kriterien für einen guten Schritt:
— *Er soll raumgreifend sein:* Das Hinterbein tritt dabei möglichst weit über den Hufabdruck des gleichseitigen Vorderbeines hinaus. Man wünscht sich, daß die Vorderbeine frei aus der Schulter heraus schreiten.

Raumgrei-
fender
Schritt

— *Genauso wichtig wie der Raumgriff ist der sichere Viertakt:* Das Pferd muß diagonal nacheinander oder deutlich sichtbar gleichseitig — aber auf keinen Fall gleichzeitig! — fußen. Einen sicheren, richtigen Takt erkennst du an dem klaren Dreieck, das einen Moment vor dem Abfußen des Vorderbeines durch dieses, das gleichseitige Hinterbein und den

Bauch des Pferdes gebildet wird.
— Der *Fleiß* wird vor allem durch richtiges Treiben erreicht.
● Treibe mit den Waden wechselseitig im Takt: Du wirkst also auf den jeweils abfußenden Hinterfuß ein.
● Wenn du Schwierigkeiten hast, beim Treiben den richtigen Takt zu finden, dann laß einfach die Bügel los und die Beine locker baumeln. Du wirst fühlen, daß sie dabei ganz von selbst im richtigen Takt wechselseitig an den Pferdeleib kommen.
● Achte auf die nachfolgenden vier Punkte, dann hast du mit dem Schritt keine Probleme:
1. *Laß im Mittelschritt und im starken Schritt die Zügel immer eine bis zwei Handbreit länger als im Trab und Galopp.* Laß eine deutliche Rahmenerweiterung zu, aber behalte das Genick unter Kontrolle.
2. *Laß aus lockerem Schulter- und Ellbogengelenk die natürliche Nickbewegung des Pferdes zu.* Unterbinde diese also nicht durch blockierende Hände.
3. *Versuche nie, Anlehnungsschwierigkeiten im Schritt zu überwinden.* Dafür sind die schwunghaften Gangarten Trab und Galopp da! Hast du dein Pferd in diesen Gangarten durchlässig gemacht, geht es auch im Schritt am Zügel.
Auch für die Korrektur anderer Widerstände oder Widersetzlichkeiten ist der Schritt denkbar ungeeignet.

Klares Drei-
eck als Zei-
chen für
sicheren
Viertakt

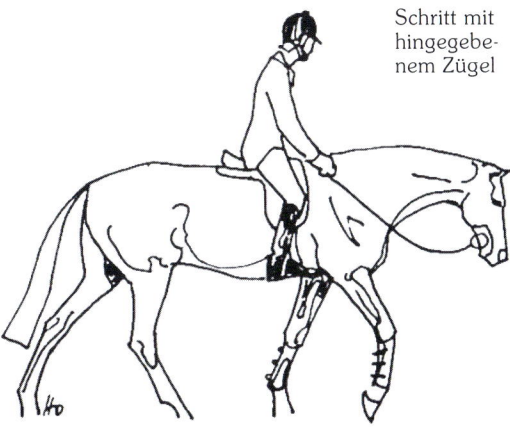

Solche Probleme solltest du immer im deutlichen Vorwärts im Trab oder Galopp lösen.

4. Reite am Anfang, am Ende der Arbeit und in den Pausen Schritt am langen oder mit hingegebenem Zügel.

● Wenn dein Pferd beim Verkürzen der Zügel unruhig wird oder anzakkelt, so wechselst du in den Schrittpausen immer wieder das Zügelmaß, damit es beim Nachfassen der Zügel nicht automatisch ans Antraben oder Angaloppieren denkt.

● Den Raumgriff kannst du etwas verbessern, indem du viel Schritt in tiefem Boden oder über Cavalettis reitest.

● Im Wettbewerb hat es sich taktisch bewährt, zwischen Mittelschritt und starkem Schritt keinen großen Unterschied zu machen, sondern einfach das Beste an Raumgriff zu zeigen. Im starken Schritt steigerst du lediglich Fleiß und Rahmenerweiterung.

Schritt mit hingegebenem Zügel

Ausbildung bis Kl. A/L

● Den *paßartigen Schritt* korrigierst du, indem du insgesamt Losgelassenheit und Durchlässigkeit verbesserst und dich strikt an die oben genannten vier Punkte hältst.

● Für den *versammelten Schritt* verkürzt du die Zügel, läßt die Hände elastisch stehen und treibst im Takt weiter, damit die Schritte kürzer

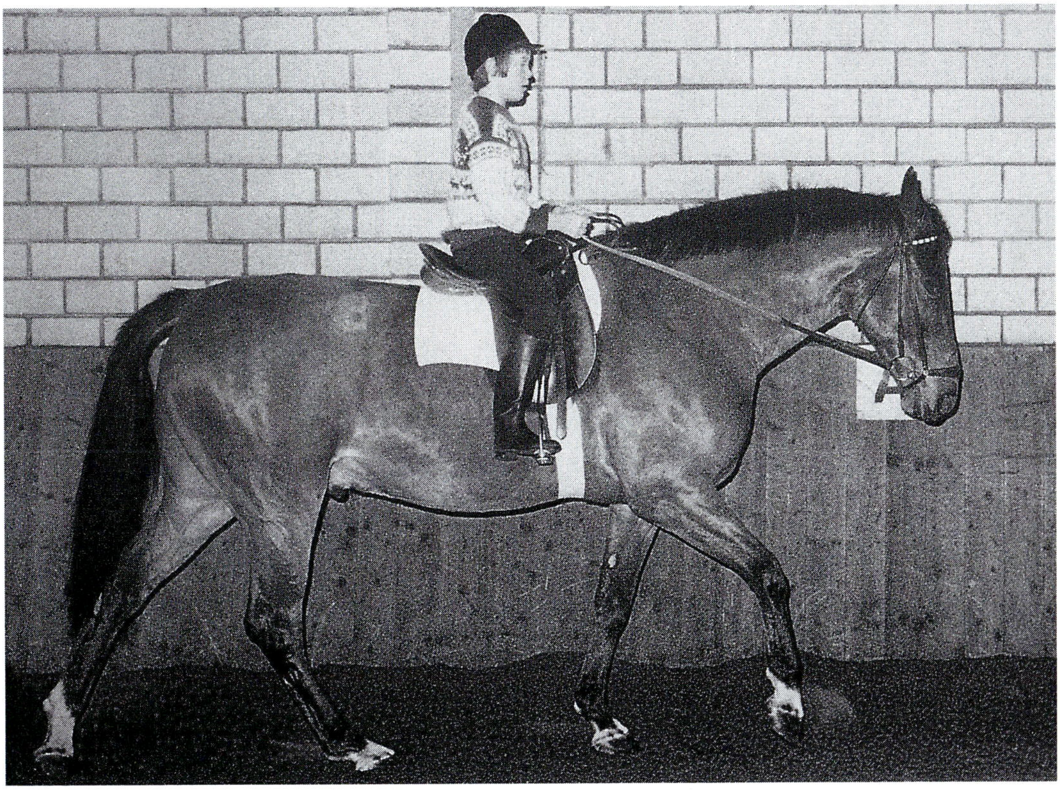

Der Schritt soll taktmäßig und raumgreifend sein.

zu riskieren, für die du mit der ebenfalls doppelt gewerteten Schlußnote für »Reinheit der Gänge« noch einmal bestraft wirst!

4.1.2. Trab

● *Trab ist die Gangart, die du durch richtige Ausbildung am meisten verbessern kannst.* Auch ein begrenzter Trab wird durch Entwicklung der Tragkraft aus der Schulter heraus freier und damit ausdrucksvoller.

Kriterien für einen guten Trab

— Klarer *Zweitakt*, der in allen Tempi gleich bleiben muß — also nicht eiliger oder langsamer werden darf.

— *Schwungvolles Abfußen* und weites Vortreten der Hinterbeine. Faustregel: Im Arbeitstrab soll der Hinterfuß in den Hufabdruck des Vorderhufes treten.

und erhabener, aber nicht langsamer als im Mittelschritt oder starken Schritt werden.

Übe auch später den versammelten Schritt nicht zu oft und zu lange und immer im Wechsel mit Mittelschritt und starkem Schritt. Du verdirbst sonst leicht den Raumgriff für die Verstärkungen oder gar den Takt.

● Viele Pferde gehen im versammelten Schritt untaktmäßig, ja paßartig. In diesem Fall erzielst du im Wettkampf letztlich ein besseres Ergebnis, wenn du den versammelten Schritt etwas freier, in Richtung Mittelschritt, reitest, anstatt Taktfehler

● Achte beim jungen Pferd zuerst auf die Festigung des natürlichen, ruhigen Taktes, bevor du mehr Schwung für den Arbeitstrab forderst.
● Festige auch beim älteren Pferd, das zu eilig geht, zuerst wieder diesen natürlichen Takt in ruhigem Tempo.

Der Takt muß in den Verstärkungen erhalten bleiben — darf also nicht eiliger werden.

In der Versammlung wie in den Verstärkungen müssen Selbsthaltung und Gleichgewicht erhalten bleiben.

● Auch im versammelten Trab bleibt der Takt unverändert — er darf also nicht langsamer, schleppender werden.

● *Bei Pferden, die dazu neigen, in den Verstärkungen eiliger zu gehen, hat sich folgendes Vorgehen bewährt:* Du legst im Leichttraben allmählich (niemals ruckartig!) zu und erhältst dieses Tempo eine halbe Runde oder lange Seite unter exakter Einhaltung des Taktes. Danach legst du erneut etwas zu und festigst dann wieder Takt und Gleichgewicht.

Runde dabei die Ecken gut ab und festige Takt und Tempo so lange, bis du nach und nach den Mitteltrab erreichst. Vergiß dabei nicht, die Hand zu wechseln!

Erst wenn dein Pferd im Leichttraben bei schwingendem Rücken sicher im Takt bleibt, gehst du zum Aussitzen über — aber nur so lange, wie Takt und Rücken in Ordnung bleiben.

● Bei *rückenempfindlichen Pferden* hat es sich bewährt, auch nach dem Beenden des Lösens zwischen Leichttraben und Aussitzen abzuwechseln. Das heißt: Wenn dein Pferd beim Aussitzen schlechter wird, trabst du sofort wieder leicht. Du wechselst also nach Bedarf zwischen Leichttraben und Aussitzen ab.

Weder deinem Rücken noch dem des Pferdes tut das Aussitzen auf einem verkrampften Pferderücken gut!

● Stimme dein Pferd so ab, daß es nur aus den mitatmenden Waden und der Gewichtshilfe den Mitteltrab oder starken Trab so lange erhält, bis du die Hilfen zum Aufnehmen gibst.

● Kommt das Pferd z. B. auf der Diagonalen ins Laufen, wird eiliger, so reite die Trabverstärkungen auf einer anderen Linie, auch durch die abgerundeten Ecken oder auf dem Zirkel.

Merke dir Trab ist die Arbeitsgangart überhaupt. Diese Gangart fällt deinem Pferd am leichtesten, da auf die Schwebephase die diagonale Zweibeinstütze folgt. Es hat also in dieser schwunghaften Gangart immer zwei Beine am Boden, um sich und dein Gewicht zu tragen und auszubalancieren.

● Deshalb beginnst du nach dem anfänglichen Schrittreiten sowohl mit dem Lösen als auch mit der Versammlung normalerweise im Trab: Das gilt für jede Arbeitseinheit wie für die gesamte Ausbildung. Steifheiten, Schwierigkeiten in der Anlehnung und andere Widerstände kannst du am leichtesten im Trab korrigieren.

lopp und vor allem in der Galoppversammlung als kürzere.

Diagonale Zweibeinstütze im Trab

Wichtig: *Du verbesserst den Galopp nie durch langes Galoppieren, sondern durch häufiges Angaloppieren.* Übergänge vom Trab zum Galopp sind eine hervorragende lösende Übung. Übergänge vom Schritt zum Galopp haben eine gute versammelnde Wirkung. Dabei ist es wichtig, daß dein Pferd den ersten Galoppsprung rund und harmonisch springt.

4.1.3. Galopp

Wie der Schritt ist der Galopp eine Gangart, die durch Ausbildung nur wenig verbessert werden kann.

Kriterien für einen guten Galopp
— Wir wünschen uns den Galopp *rund* und *bergauf* gesprungen,
— im klaren *Dreitakt* mit deutlicher Schwebephase und gut ausbalanciert.
— *Beim frei laufenden Pferd achten wir auf gute fliegende Wechsel.* Allerdings dürfen wir hier Ausnahmen nicht ausschließen: Es gibt Pferde, die unter dem Reiter die fliegenden Wechsel problemlos gelernt haben, frei laufend jedoch kaum einen sauberen Wechsel zeigen!
— Im allgemeinen haben lange Pferde mehr Schwierigkeiten im Ga-

● Achte bei Pferden, die sich beim Angaloppieren herausheben, darauf, daß du nach dem anfänglichen

Guter Galoppsprung

95

Ein starker Trab in Vollendung (oben Karin Rehbein mit Donnerhall).

Vermeide bei Rückenschwierigkeiten ein zu starkes Einsitzen

Leichttraben vor dem Angaloppieren einige Pferdelängen aussitzt: Du vermeidest dadurch eine zu plötzliche Belastung des Rückens, die durch das unmittelbare Aufeinanderfolgen von Aussitzen und Hilfen zum Angaloppieren entstehen kann.

● Vermeide zu starkes Einsitzen beim Angaloppieren. Verlege dein Gewicht mehr auf die Oberschenkel und schmiege dich weich in den Galoppsprung ein. Dies gilt bei *rückenempfindlichen Pferden* auch für das lösende Galoppieren. Mach dir hier den Entlastungssitz zunutze.

● Pferde, die einen besonders guten Galopp haben und sich im Galopp besser lösen, darfst du ruhig früher galoppieren.

Pferde, die dir zu Beginn der Stunde einen scheinbar »gesetzten« Galopp mit hoher Kruppe anbieten, müssen genügend vorwärts geritten werden.

● *Das Vorwärtsreiten im Galopp hat eine vorzügliche lösende Wirkung:* Das vermehrte Untersprin-

Rechte Seite: Rund und bergauf wünschen wir uns den Galopp (Nicole Uphoff mit Rembrand).

Achte darauf

96

dermaßen differenzierst: Beim Durchparieren vom Galopp zum Trab nimmst du den äußeren Schenkel vor (Normallage). Beim Durchparieren zum Schritt oder zum Halten bleibt dein äußeres Bein in Galoppstellung.

4.2. Halten

Beim Halten in seiner korrekten Form soll das Pferd absolut ruhig, geschlossen, am Zügel und gerade stehen.

● Das junge Pferd jedoch muß zuerst einmal lernen, ruhig stehen zu bleiben. Die übrigen Kriterien werden anfangs außer acht gelassen.

Zuerst wird das Stillstehen geübt, danach die korrekte Form. **Merke dir**

● *Dem jungen Pferd bringst du das Halten zuerst an der Hand bei.* Führe es auf der linken Hand auf dem Hufschlag, veranlasse es mit einem Zügelanzug und einer begleitenden Stimmhilfe, z. B. »Haaalt!«, zum Stehen, fordere es danach durch ein aufmunterndes »Komm!« zum Weitergehen auf und wiederhole dies einige Male. Wichtig ist weniger, was du sagst, sondern daß du immer dassel-

Korrekt stehendes Pferd

Vorwärtsreiten im Galopp regt die Rückentätigkeit an

gen der Hinterbeine verursacht den Anzug des langen Rückenmuskels und regt damit die Rückentätigkeit an.

● *Schritt-Galoppübergänge fördern die Versammlung im Galopp.* Vermeide auch hierbei zu starkes Einsitzen, wenn dein Pferd sich heraushebt. Achte vor allem auf rundes, harmonisches Angaloppieren.

● Beim Durchparieren vom Galopp zum Schritt oder zum Halten darfst du im Training ruhig einige Trabtritte zulassen. Wichtig ist vor allem, daß das Pferd deine Paraden durchläßt.

● *Arbeite an der Verfeinerung deiner Hilfen zum Angaloppieren.* Sie sind dann harmonisch, wenn du dir vergegenwärtigst, daß sie deinem Sitz bei jedem einzelnen Galoppsprung entsprechen. Mache dir dies bewußt, indem du deine Einwirkungen bei jedem Galoppsprung durchfühlst.

● Ein älteres Pferd, das bereits fliegende Wechsel beherrscht, hast du darauf abgestimmt, daß der erste Impuls zum Angaloppieren vom äußeren Schenkel ausgeht. Denke daran, daß ein junges Pferd zuerst mit dem inneren Schenkel angaloppiert wird.

● Du erleichterst deinem Pferd die Unterscheidung zwischen Übergängen vom Galopp zum Trab und vom Galopp zum Schritt bzw. zum Halten, indem du deine Hilfen folgen-

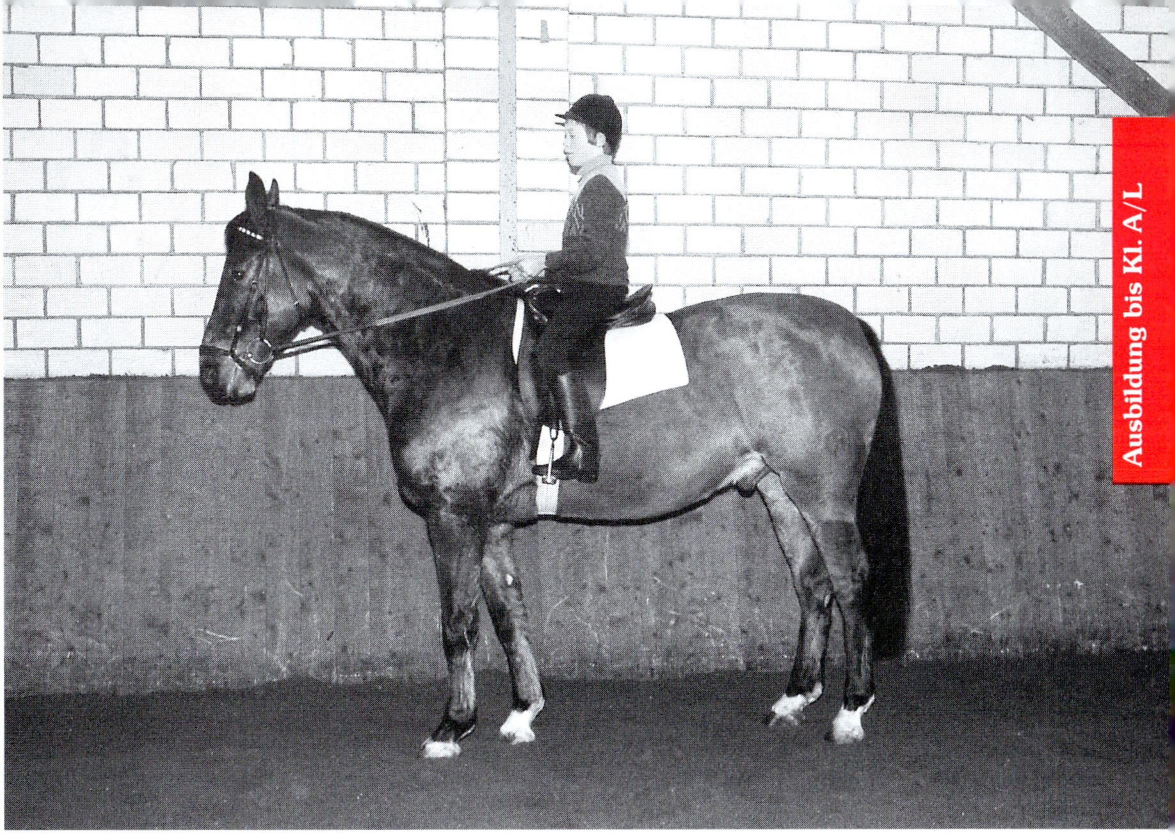

Das junge Pferd muß zuerst einmal lernen, zwanglos ruhig stehen zu bleiben.

be Wort mit derselben Betonung verwendest. Dein Pferd wird bald auf die bloße Stimmhilfe reagieren. Bestehe geduldig, aber konsequent darauf, daß es auf dein Kommando vollkommen still steht, und lobe es, wenn das der Fall ist.

● Bei Pferden, die beim Führen leicht heftig werden, empfiehlt sich ein Führzügel. Du legst die kleine Kette über das Nasenbein und wirkst dadurch auf dieses anstatt aufs Pferdemaul ein.

● Auch bei der *Arbeit an der Longe* achtest du darauf, daß dein Pferd auf dieselbe Stimmeinwirkung hin absolut ruhig auf dem Hufschlag stehen bleibt. Erst dann gehst du zu ihm hin und wechselst die Hand.

● Auch beim *Aufsitzen* hast du Gelegenheit, das Halten zu üben. Dein Pferd muß lernen, gehorsam still zu stehen, während du aufsitzt, die Zügel und den rechten Steigbügel aufnimmst, eventuell die Bügellänge korrigierst. Es darf nicht antreten, bevor du die Hilfen zum Anreiten gegeben hast. Sei auch darin äußerst kon-

sequent. Es erleichtert dir nicht nur das spätere korrekte Halten, sondern verhindert auch gefährliche Situationen.

● *Diese Erziehung zum Gehorsam erstreckt sich nicht nur auf die Ausbildungsarbeit.* Sie beginnt im Stall, etwa beim Putzen oder Abspritzen

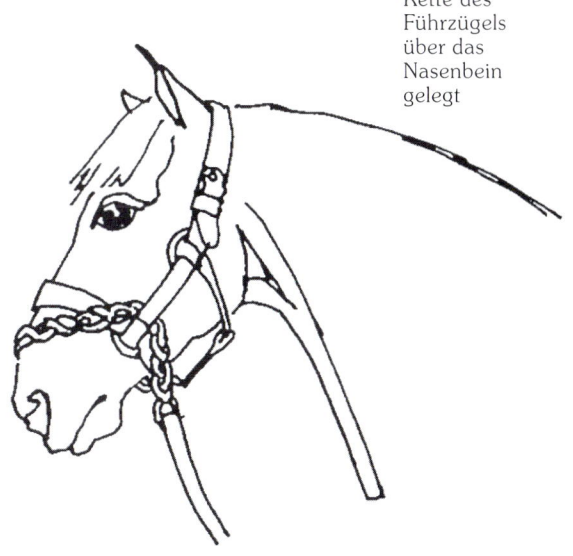

Kette des Führzügels über das Nasenbein gelegt

Abspritzen der Beine: Auch unangebunden sollte das Pferd absolut ruhig stehen.

der Beine. Es ist gar nicht so schwer, ein Pferd schließlich so zu erziehen, daß es auch unangebunden dabei »mucksmäuschenstill« steht!

● Beim Reiten solltest du während der Schrittpausen die Möglichkeit nutzen, dein Pferd immer wieder ruhig hinzustellen und es auch am langen oder mit hingegebenem Zügel daran zu gewöhnen.

● Erst wenn das klappt, beginnst du, ihm die korrekte Form des Haltens beizubringen: am Zügel, geschlossen und gerade. *Steht es nicht geschlossen, stellt also z. B. das rechte Hinterbein heraus, so regst du es mit der rechten Wade zum Vortreten an.* Doch: Übertreibe die Einwirkung nicht — sonst steht nachher das andere Hinterbein zu weit nach hinten. Begrenze den Vortritt mit beiden Händen. Sei jedoch nicht übergenau — ein bis zwei Handbreit werden sogar in einer Prüfung toleriert.

● *Steht dein Pferd schief, so wiederholst du die Parade zum Halten* und achtest darauf, es dabei gleichmäßig mit beiden Beinen einzurahmen und ihm evtl. eine leichte Schultervorstellung zu geben.

● Kontrolliere das Halten im Spiegel oder laß dir von unten Bescheid sagen. Wenn du zu häufig selbst nach hinten siehst, erzeugst du Unruhe.

● Beim Üben für den Wettkampf empfiehlt es sich, über den angegebenen Punkt hinauszureiten, damit dein Pferd nicht von sich aus abstoppt, deiner Parade zuvorkommt.

● Wird das Halten aus dem Galopp verlangt, so ist es besser, die Parade über einige Trabtritte auszuführen und das Pferd dabei geschmeidig untertreten zu lassen, als es auf der Vorhand durchzuparieren. Das erleichtert dir auch das anschließende Geradestehen.

● *Ein Tip noch zum Antraben aus dem Halten:* Stimme dein Pferd im Training so ab, daß es vom Fleck weg schwungvoll antritt. Auf der Mittellinie darfst du das Tempo etwas höher zeigen als verlangt, um Schiefe oder Schwanken zu vermeiden.

4.3. Vorhandwendung

Die Wendung auf der Vorhand ist eine lösende Übung und dient dazu, dem jungen Pferd oder dem jungen Reiter die einseitig wirkenden Hilfen beizubringen oder sie dem Korrekturpferd wieder klarzumachen.

● Die Fortsetzung dieser Einübung der einseitig wirkenden Hilfen er-

Vorhand-
wendung

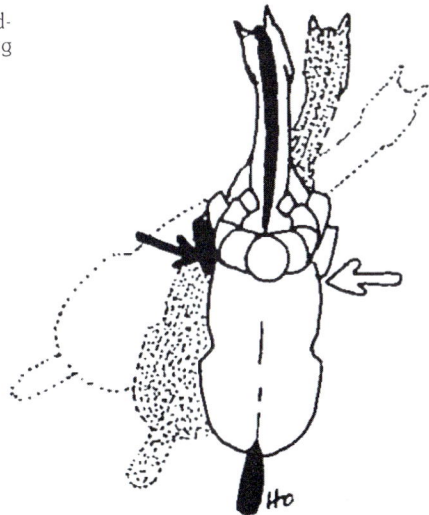

folgt dann durch die verschiedenen Formen des Schenkelweichens.

● Das Verständnis der einseitig wirkenden Hilfen (das Weggehen vom inneren Schenkel) ist eine Vorbedingung für die lösende Arbeit auf großen gebogenen Linien.

● *Beim Einüben der Vorhandwendung läßt du das Pferd anfangs mit den Vorderbeinen auf einem kleinen Kreis mittreten.* Beginne zuerst mit einem Doppeltritt, du läßt das Pferd also einmal übertreten, schließen und anhalten und lobst es, sobald es reagiert hat. Danach verlangst du zwei Doppeltritte, hältst an und lobst wieder. Äußerer Schenkel und Zügel wirken dabei begrenzend, fangen auf.

● Es ist anfangs nicht wichtig, daß das Pferd am Zügel geht, es soll ja vor allem die Einwirkung des seitwärts treibenden Schenkels begreifen, was die Vorbedingung für die weitere lösende Arbeit ist.

Achte darauf Nach dem Druck mit der inneren Wade wieder nachlassen, also nicht dauernd drücken oder pressen! Präge dir in Kurzform ein: *Druck, Tritt, Nachlassen.*

● Gehe in der Halle vor der Vorhandwendung auf den zweiten Hufschlag — dein Pferd muß schließlich Platz für Kopf und Hals haben.

● Bei der korrekten Ausführung der Vorhandwendung muß das Pferd am Zügel, mit Stellung nach der Seite des seitwärtstreibenden Schenkels, mit den Vorderbeinen auf der Stelle tretend so viele Seitwärtstritte machen, daß eine Wendung von 180 Grad entsteht.

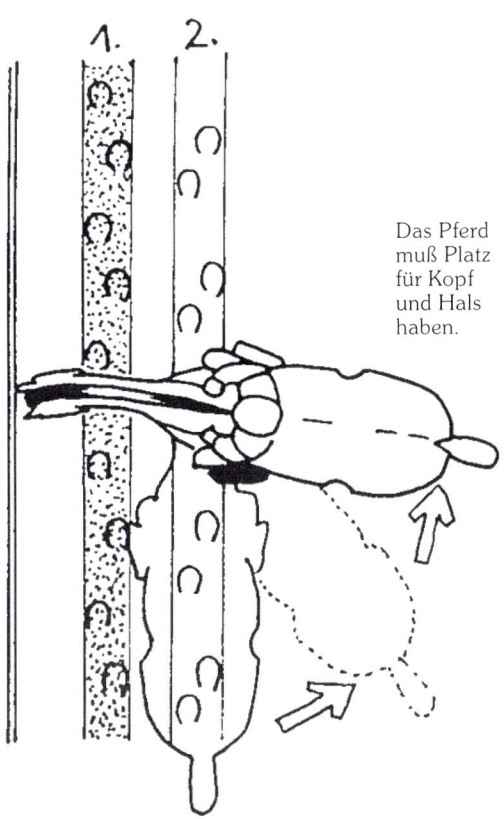

Das Pferd muß Platz für Kopf und Hals haben.

Schwierigkeiten und Tips

Das Pferd folgt dem inneren Schenkel nicht. **Problem**

● Unterstütze den inneren Schenkel, indem du dicht hinter ihm mit der Gerte nachhilfst. **Tips**
● Kontrolliere die Stellung.

Dein Pferd läuft nach vorne weg. **Problem**

● Fange es mit dem äußeren Zügel auf. **Tips**

101

● Kontrolliere den äußeren Schenkel. Er wirkt verwahrend, begrenzend. Wenn er gleichzeitig zur inneren Wade drückt, wirkt dies vortreibend.

4.4. Schenkelweichen

Voraussetzung für das Schenkelweichen ist die Beherrschung der Vorhandwendung. Auch das Schenkelweichen gehört zu den lösenden Übungen und dient vor allem dazu, die Wirkung der einseitigen Hilfen zu festigen, zu verfeinern und damit die Biegearbeit vorzubereiten.

● *Ausführung:* Das Pferd ist nach der Seite des seitwärtstreibenden Schenkels gestellt. Achte darauf, daß du die Seitwärtsbewegung gut mit dem äußeren Zügel begrenzt, damit das Pferd nicht über die äußere Schulter weglaufen kann.

● *Der Winkel beim Schenkelweichen darf nie steiler als 45 Grad sein:* Dein Pferd muß genügend Platz für den übertretenden inneren Hinterfuß haben und darf sich nicht auf die Kronen treten!

● Reite die Übung nie über eine Strecke, die länger ist als 20 m, also nicht mehr als eine halbe lange Seite oder eine offene Zirkelseite. Reite danach wieder im freien Schritt vorwärts und wiederhole dann die Übung, wenn es nötig ist.

● *Während des Schenkelweichens treibst du im Schrittakt wechselseitig weiter,* achtest aber darauf, daß du mit dem inneren Schenkel durchkommst.

Das Pferd muß wirklich übertreten. Wirke auf den jeweils abfußenden Hinterfuß ein.

Merke dir

● Wenn dein Pferd nicht leicht genug von der inneren Wade weggeht, darfst du mit einer unterstützenden Gertenhilfe dicht hinter dem Unter-

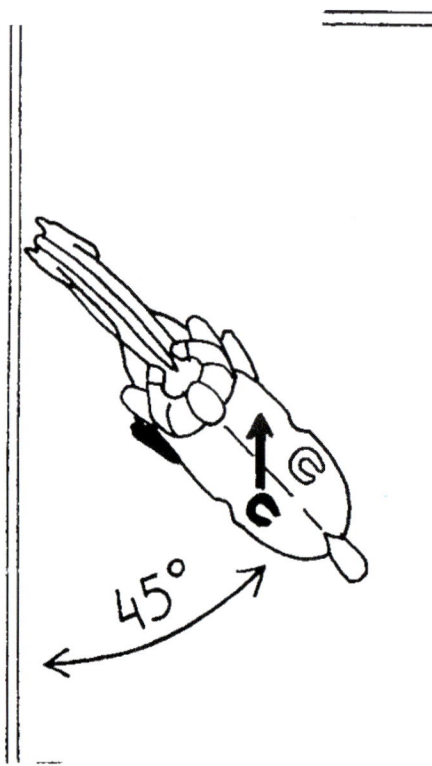

schenkel oder mit dem Sporen nachhelfen. *Entscheidend ist, daß du danach den Schenkeldruck ohne Gerte oder Sporen wiederholst* und auf einer prompten Reaktion bestehst, dein Pferd also auf immer feinere Hilfen abstimmst.

● Wir unterscheiden *vier Arten des Schenkelweichens.* Die erste und einfachste Form ist die, bei der das Pferd auf dem Hufschlag mit dem Kopf zur Wand dem Schenkel weicht. Bei der zweiten geht es mit dem Kopf nach innen.

45°

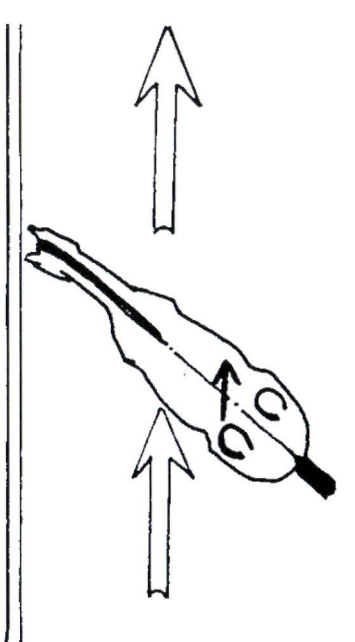

Die beiden
Arten des
Schenkel-
weichens
an der
Wand

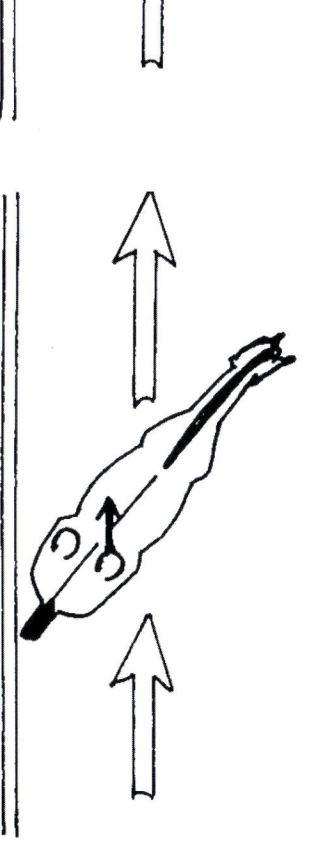

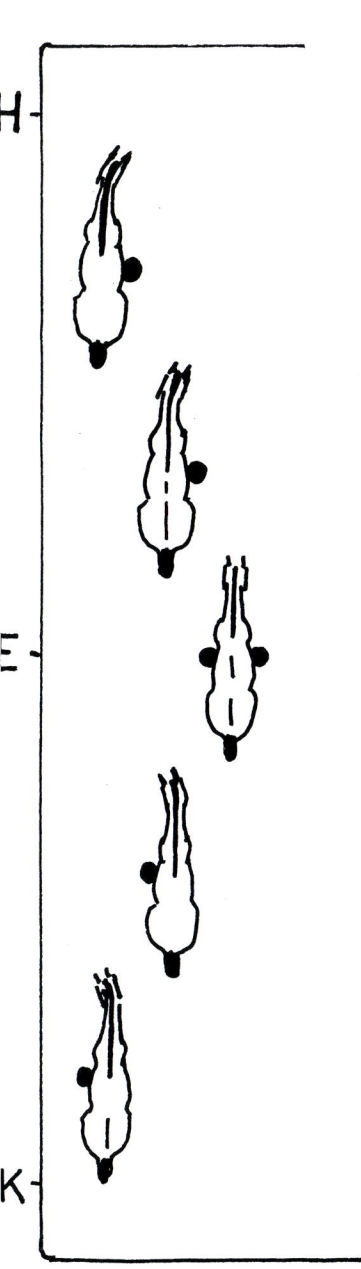

Viereck-ver-
kleinern-
und-vergrö-
ßern

● Beim Viereck-Verkleinern-und-Vergrößern reitest du am Wechselpunkt nach der ersten Ecke der langen Seite parallel zum Hufschlag nach innen, bis das Pferd 5 m vom Hufschlag und dem HB-Punkt ent-fernt ist. Dann stellst du es zuerst gerade und anschließend nach der Seite des neuen seitwärtstreibenden Schenkels um. Am Wechselpunkt vor der nächsten Ecke erreichst du wieder den Hufschlag.

● Mit die schwierigste, aber auch die effektivste Form des Schenkelweichens ist das Übertretenlassen an der offenen Zirkelseite. Diese

103

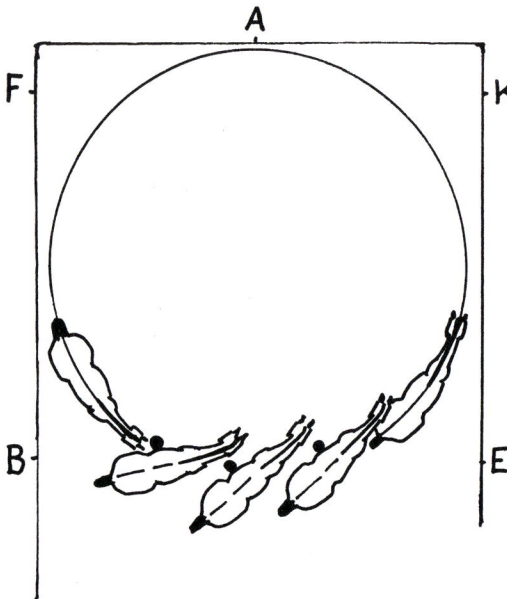

A F K B E

● Unterstütze den inneren Schenkel kurzzeitig mit Gerte oder Sporen.

Problem

Das Pferd bleibt stecken, tritt nicht taktmäßig über.

Tips

● Überprüfe das taktmäßige Treiben auf den jeweiligen abfußenden Hinterfuß.
● Reite den Winkel zur Bande nicht steiler als 45 %.
● Beginne das Schenkelweichen im fleißigen Schritt.

4.5. Rückwärtsrichten

Übertretenlassen an der offenen Zirkelseite

Übung ist ein gutes Mittel, dein Pferd fein auf den inneren Schenkel abzustimmen. Du kannst dann bei der anschließenden Biegearbeit im Trabe mit der inneren Wade besser durchfühlen. Du stimmst das Pferd also jeweils auf der Hand auf deinen inneren Schenkel ab, auf der du an der Biegung arbeiten willst.

Schwierigkeiten und Tips

Problem

Das Pferd läuft mit zu viel Halsbiegung über die äußere Schulter.

Tips

● Begrenze durch Schließen und leichtes Öffnen der äußeren Hand den Hals in der Schulter.
● Mach den Hals wieder gerade und reite einige Pferdelängen geradeaus, bevor du erneut mit dem Schenkelweichen beginnst.

Problem

Das Pferd geht zu wenig weg vom inneren Schenkel.

Tips

● Überprüfe die Voraussetzungen durch eine Vorhandwendung.
● Treibe wechselseitig im Schritttakt.

Voraussetzungen: Bevor du mit dem Rückwärtsrichten beginnst, muß die Durchlässigkeit des Pferdes soweit gefördert sein, daß es sich weich vom Trab zum Schritt und zum Halten durchparieren läßt. Es sollte Tempowechsel im Trab beherrschen und im Halten am Zügel und geschlossen stehen.
● *Hilfen: Du leitest das Rückwärtsrichten mit denselben Hilfen wie zum Anreiten ein, gibst jedoch mit den Händen nicht nach , sondern fängst die Vorwärtsbewegung weich auf, läßt das Pferd sich abstoßen und wirst unmittelbar nach dem ersten Tritt leicht in der Hand.*
● Diese Hilfengebung wiederholt sich bei jedem weiteren Tritt in feiner Dosierung.

Denke daran

Wichtig ist vor allem, daß du niemals mit rückwärtswirkenden Händen beginnst – so wirst du keine ernsthaften Probleme mit dem Rückwärtsrichten haben.

● Übe anfangs immer nur den Antritt und lobe dein Pferd, wenn dieser gelungen ist.
● *Sitze zu Beginn nicht zu stark ein, sondern entlaste den Pferderücken,* indem du das Gewicht etwas mehr auf die Oberschenkel verlagerst.

Antritt zum Rückwärtsrichten

ßen, beendest du die Übung mit einem halben Tritt.

● Die Fortsetzung des Rückwärtsrichtens ist in einem späteren Ausbildungsstand die _Schaukel_, die ein hervorragendes Mittel ist, um Durchlässigkeit, Hankenbeugung und Tragkraft zu fördern und zu überprüfen.

● Eine sehr gute Übung zur Förderung von Durchlässigkeit und Versammlung ist zudem das Antraben bzw. Angaloppieren aus dem Rückwärtsrichten heraus.

● _Variiere beim Rückwärtsrichten die Anzahl der Tritte_, damit das Pferd deine Hilfen abwartet und dir weder zuvorkommt noch von sich aus abstoppt.

Rahme das Pferd mit beiden Beinen gleichmäßig ein, damit es gerade bleibt.

● Bei auftretendem _Widerstand_ sorgst du dafür, daß das Pferd zuerst wieder leicht am Zügel steht. Danach leitest du aus dem Antritt der Hinterbeine erneut das Rückwärts ein. Erst wenn der Ansatz mit völliger Durchlässigkeit gelingt, verlangst du weitere Rückwärtstritte.

● In seiner ausgefeilten Form erfolgt das Rückwärtsrichten gerade, am Zügel, durchlässig und mit diagonaler Fußfolge. Um das Pferd beim anschließenden Halten zu schlie-

Entlaste am Anfang den Pferderükken.

Beende das Rückwärtsrichten mit einem halben Tritt.

Schwierigkeiten und Tips

Problem

Dein Pferd bleibt beim Zurücktreten nicht gerade, es weicht nach einer — meist nach der rechten — Seite aus. Das ist häufig auch die Ursache für ungleiche Tritte.

Tip

● Du nimmst auf der entsprechenden Seite den Schenkel etwa eine Handbreit zurück, um das Pferd seitlich zu begrenzen.

Tip ● Du nimmst als zusätzliche Begrenzung die Bande zu Hilfe — richtest also bei seitlichem Ausweichen nach rechts auf der linken Hand auf dem Hufschlag zurück.

Problem Dein Pferd hebt sich beim Ansatz oder während des Rückwärtsrichtens heraus, kommt über den Zügel.

Tips ● Du unterbrichst die Übung sofort und stellst es zuerst wieder an den Zügel.
● Dem Herausheben während des Rückwärtsrichtens kannst du vorbeugen, indem du das Pferd vorher etwas tiefer einstellst.
● Vorsicht mit der Gewichtseinwirkung!

Problem Dein Pferd tritt nicht diagonal oder mit hoher Kruppe, ohne Hankenbeugung, zurück.

● Reite erneut an, aktiviere die Hinterbeine zuerst wieder in der Vorwärtsbewegung. **Tips**
● Du machst das Pferd durch Übergänge und Tempowechsel wieder durchlässig.
● Leite danach das Rückwärtsrichten aus dem deutlichen Antritt nach vorne ein.

Dein Pferd hebt sich beim Antraben bzw. Angaloppieren aus dem Rückwärtsrichten heraus oder versteift sich. **Problem**

● Bringe die Durchlässigkeit durch andere Übungen wieder in Ordnung. **Tips**
● Kontrolliere deine Gewichtseinwirkung.

106

Links:
Gleichmä-
ßig, diago-
nal soll das
Pferd rück-
wärts treten.

Hinterhand-
wendung
bzw. Schritt-
pirouette

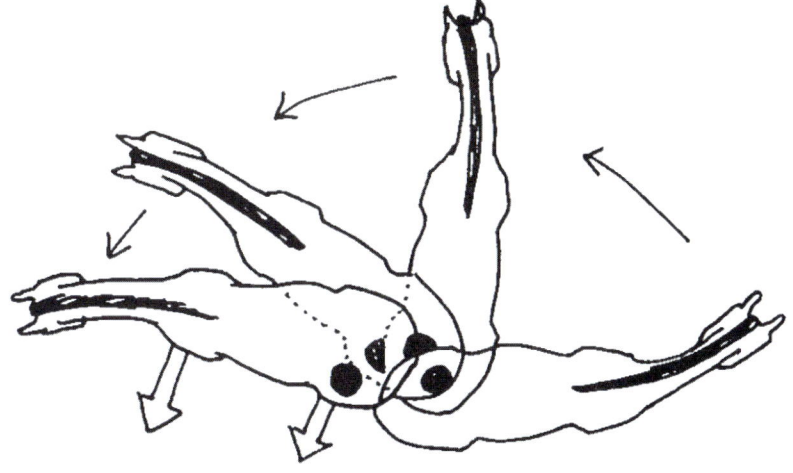

4.6. Wendung auf der Hinterhand und Schrittpirouetten

● Bei der Hinterhandwendung und der Schrittpirouette tritt das Pferd im klaren Schritttakt auf möglichst kleinem Kreisbogen um den inneren Hinterfuß. Die Wendung ist nach 180 Grad beendet, wobei du die zwei letzten Schritte traversalartig zum Hufschlag zurück reitest.
● Du achtest besonders darauf, daß der innere Hinterfuß taktmäßig zum Schwerpunkt tritt — also auf keinen Fall auf der Stelle dreht.
● Du darfst den inneren Hinterfuß ruhig hin und wieder kontrollieren, indem du bei der Ausführung herunterschaust.
● *Denke daran, daß du wie im Schritt wechselseitig weitertreibst*, dich also nicht nur auf den äußeren Schenkel konzentrierst, sondern vor allem mit dem inneren den entsprechenden Hinterfuß aktivierst. Damit vermeidest du auch, daß dein Pferd nach innen ausweicht.

Ein etwas größerer Kreisbogen ist der kleinere Fehler, das Drehen oder das zeitweilige Stehenlassen des inneren Hinterfußes der größere.

● Leite auch die *Hinterhandwendung* über einen halben Schritt vorwärts ein. Führe mit dem inneren Zügel die Vorhand nach innen und gib dann wieder nach.
● Beim Einüben wirst du auf die Vorwärtstendenz besonders achten. Reite zuerst eine sogenannte *Arbeitspirouette*, wobei die Hinterbeine auf einem Kreis von ca. 80 cm mittreten.

Merke dir

Der innere
Hinterfuß
muß taktmä-
ßig mittre-
ten.

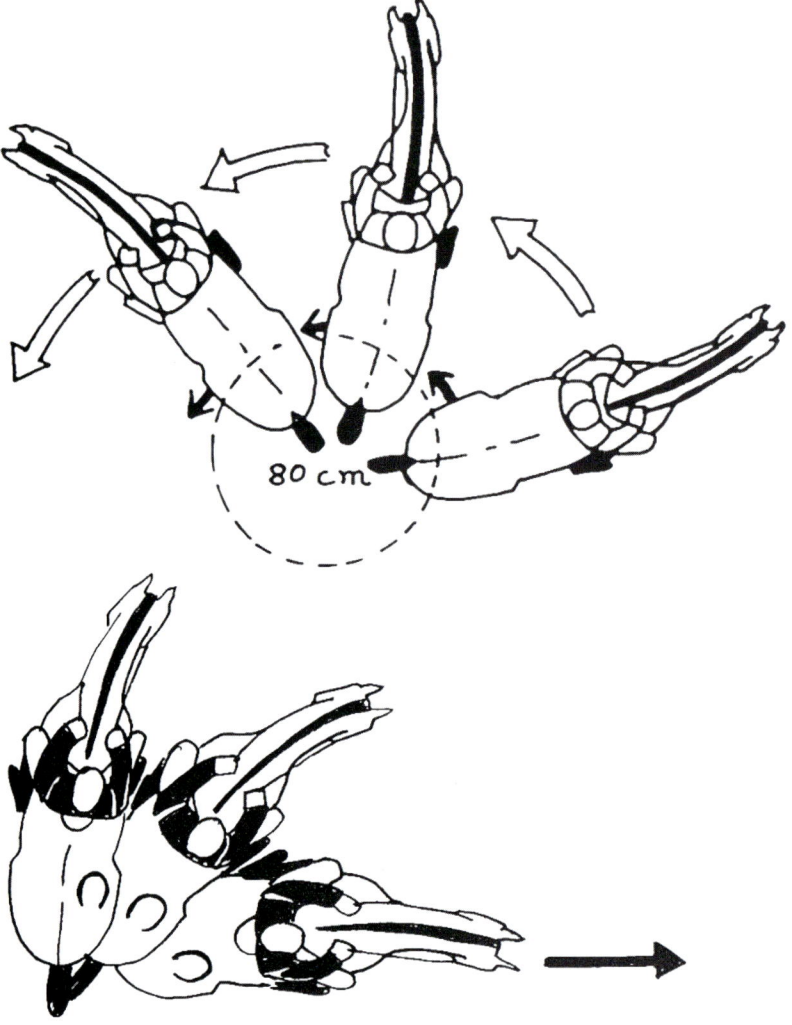

Arbeitspi-
rouette

Viertelwen-
dung bzw.
halbe Wen-
dung

● Später kannst du diese Arbeitspirouette auch ein-bis zweimal herum
reiten. Dies ist eine vorzügliche
Übung zur Anregung des inneren
Hinterbeines: Dein Pferd lernt dabei, mit diesem taktmäßig mitzutre-
ten.
● Erst wenn dieses taktmäßige Mittreten gesichert ist, reitest du die Arbeitspirouette *allmählich kleiner*.
● Eine weitere Möglichkeit der Vorbereitung: Du reitest den Anfang
der Wendung, also einige Doppeltritte, und danach wieder geradeaus.
Wiederhole diese Viertelswendung,
dann die halbe Wendung einige Male. Du verhinderst dadurch, daß dein
Pferd anfängt, hinten zu kreuzen.

108

Schwierigkei-
ten und Tips

Dein Pferd reagiert zu wenig auf
den äußeren Schenkel oder tritt sogar nach außen weg.

Problem

● Kontrolliere deine Gewichtsverla-
gerung nach innen, das Pferd will un-
ter dein Gewicht treten.
● Stimme es – etwa durch Zirkel-
Verkleinern – auf die Wirkung des
äußeren Schenkels ab.
● Nimm die Gerte in die äußere
Hand und unterstütze damit unter
Umständen den äußeren Schenkel.

Tips

● Fühle, ob du mit dem äußeren Zügel die Dehnung außen zuläßt und damit deinem Pferd ermöglichst, außen den größeren Kreis zu treten.

Problem Dein Pferd tritt mit dem inneren Hinterfuß nicht taktmäßig mit.

Tips ● Übe wieder regelmäßig die Arbeitspirouette.
● Prüfe nach, ob du taktmäßig, wechselseitig im Schrittakt treibst.
● Kontrolliere, ob du nach jedem Seitwärtsführen der Vorhand mit dem inneren Zügel wieder leichter wirst.

4.7. Außen-galopp

Voraussetzung für den Außengalopp durch Ecken und auf dem Zirkel ist der versammelte Galopp.
● Mit dem ersten Einüben kannst du beginnen, sobald dein Pferd im Arbeitsgalopp im Gleichgewicht

geht und aus dem Schritt auf feine Hilfen hin angaloppiert.
● Folgende Übungsreihe zur *Entwicklung* des Außengalopps auf gerader Linie hat sich bewährt:
— Du beginnst im Trabe, z.B. auf der rechten Hand, und reitest eine einfache Schlangenlinie; ein bis zwei Pferdelängen nach Verlassen des Hufschlags galoppierst du links an — pariert wieder ein bis zwei Pferdelängen vor Erreichen des Hufschlags zum Trab, um danach im Handgalopp durch beide Ecken zu reiten.
— An der folgenden langen Seite wechselst du an den gleichen Stellen den Galopp über einige Trabtritte. Dies wiederholst du einige Male, bis dein Pferd auf feine Hilfen angaloppiert und im Gleichgewicht bleibt.
— Wenn dabei Unruhe und Spannung aufkommen, so galoppierst du zwischendurch eine halbe Runde im Innengalopp weiter.
— Allmählich reitest du den Bogen der einfachen Schlangenlinie immer flacher — bis du schließlich

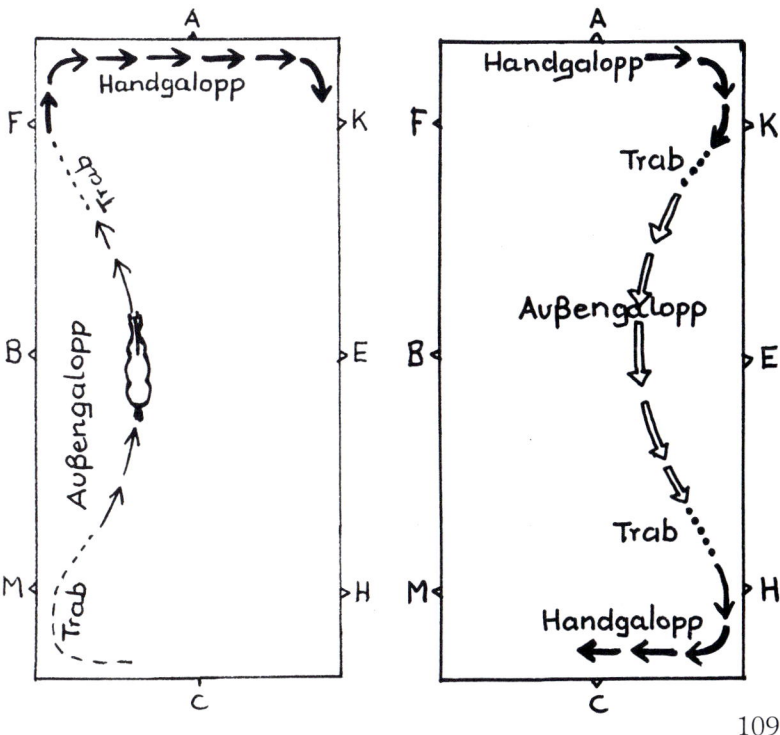

Entwicklung des Außengalopps auf einfacher Schlangenlinie

Wechseln des Galopps über einige Trabtritte

109

Von der Schlangenlinie kommst du allmählich zum Hufschlag.

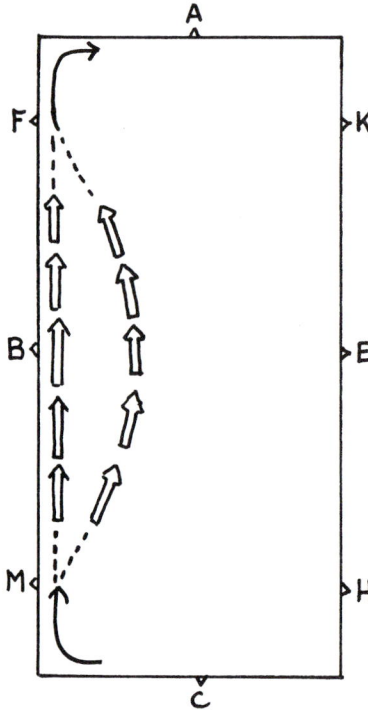

Im Außengalopp hat das Pferd nicht mehr Stellung als im Handgalopp.

den Außengalopp auf gerader Linie erreicht hast.

● Wenn du Erfahrung im Ausbilden von fliegenden Wechseln hast, so ist jetzt auch der *Zeitpunkt für den ersten fliegenden Wechsel* gekommen: Der Außengalopp ist noch nicht gefestigt, dein Pferd hat noch die natürliche Tendenz, in den Handgalopp zu wechseln. Du übst also Außengalopp und fliegenden Wechsel gleichzeitig ein.

● Die wichtigsten Tips zu den *Hilfen:*
– Achte auf eine präzise Schenkellage, um dem Pferd klar zu machen, daß du im Außengalopp bleiben willst.
– Behalte dein Pferd am äußeren Zügel, und laß mit dem inneren die Sprünge heraus.
– Gib deinem Pferd nicht mehr Stellung als im Handgalopp, damit der innere Hinterfuß nicht blockiert wird.

— Denke daran, daß dein Gewicht, wie im Handgalopp, etwas mehr auf dem inneren Gesäßknochen liegen muß.

● *Erst wenn dir der Außengalopp auf gerader Linie mühelos gelingt, reitest du ihn durch eine, dann auch durch die zweite Ecke.* Flache die Ecken zu Beginn deutlich ab, und vergiß das Loben nicht, wenn dein Pferd die Aufgabe verstanden hat.
● Die schwierigste Form des Außengalopps — das Wechseln aus dem Zirkel von Außengalopp zu Außengalopp — verlangst du zuletzt.
● Reite nie zu lange im Außengalopp, und vergiß nicht, durch Zulegen im Handgalopp immer wieder Schwung zu holen.

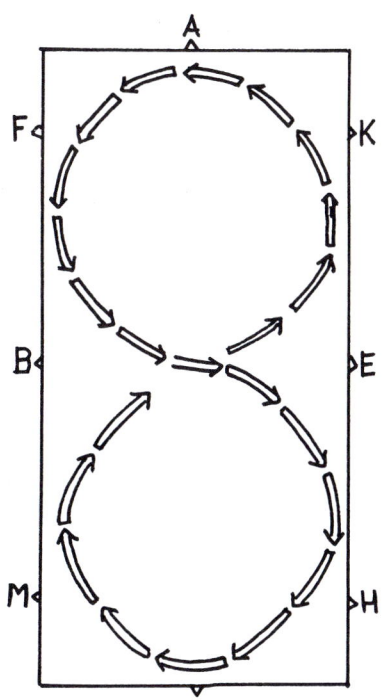

Das Wechseln aus dem Zirkel von Außengalopp zu Außengalopp

Schwierigkeiten und Tips

Problem

Dein Pferd geht schief, also auf zwei Hufschlägen, meist nach rechts.

Tips

● Korrigiere dies, indem du nach der entsprechenden Seite schultervorartig reitest (also im Außengalopp rechts Schultervor rechts).
● Lege im Tempo etwas zu.

Problem

Dein Pferd springt um.

Tips

● In Ruhe durchparieren und neu außen angaloppieren.
● Nie strafen! Du willst ihm den fliegenden Wechsel ja nicht abgewöhnen.
● Überprüfe Versammlung und Durchlässigkeit.
● Reite den Außengalopp zuerst wieder in einfacher Form, z.B. mit stark abgeflachten Ecken.
● Springt dein Pferd beim »Durch-die-halbe-Bahn-Wechseln« ohne Wechsel« um, so bist du wahrscheinlich in einem zu steilen Winkel auf

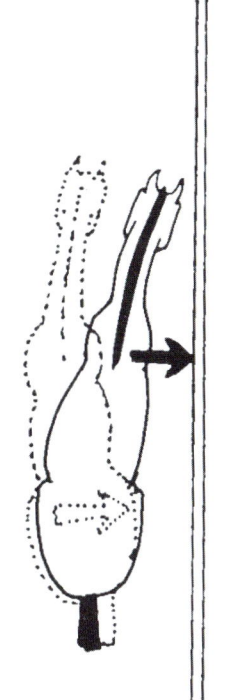

Schultervorartiges Geraderichten

111

Abflachen
des Winkels
beim Durch-
die-halbe-
Bahn-Wech-
seln

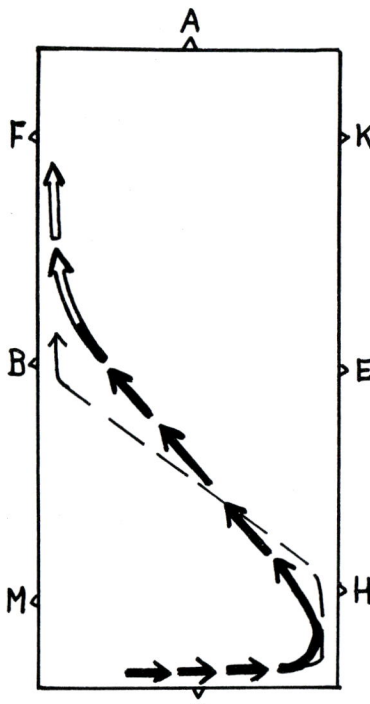

den HB-Punkt zugeritten: Reite den Winkel — vor allem beim Üben — betont flacher.

Dein Pferd wird eiliger und kommt auf die Vorhand. **Problem**

Tips

● Bringe die Versammlung im Handgalopp durch Paraden und Angaloppieren aus dem Schritt wieder in Ordnung.
● Festige den Außengalopp durch einfache Übungen, also auf der Schlangenlinie (s. o.) oder auf gerader Linie, bevor du durch die Ecken reitest.
● Pariere durch, sobald die Versammlung nachläßt, und galoppiere neu außen an.

Rechte Seite:
Klaus Bal-
kenhohl auf
Goldstern
reitet bei
der Europa-
meister-
schaft in
Donau-
eschingen
1991 eine
Piaffe.

5

Ausbildung bis Kl. M/S

5.1. Hand-arbeit

Sinn der Handarbeit ist es, das Pferd ohne Belastung durch das Reitergewicht zu gymnastizieren.

● Das Pferd lernt, die Hanken zu beugen, unter den Schwerpunkt zu treten und sich an der Hand abzustoßen, es wird also auch durchlässiger.

● Faule Pferde kannst du durch Handarbeit aktivieren — heftige, nervöse Pferde können sich an der Hand beruhigen.

● Durch Handarbeit kannst du auch Auswirkungen von Gebäudeschwächen verbessern (z.B. langer Rücken oder ungünstige Winkelung der Hinterhand).

● Handarbeit ist darüber hinaus eine Möglichkeit, das Training fortzusetzen, wenn dein Pferd eine Verletzung in der Sattellage hat — jedoch mit einem Longiergurt gearbeitet werden kann, oder wenn der Ausbilder aus gesundheitlichen Gründen nicht reiten kann (z.B. Leistenzerrung oder Kreuzschwierigkeiten).

Übertreten-lassen

● *Voraussetzung für die Anfänge der Handarbeit sind das fachgerech-* te *Longieren und das Übertreten auf der Volte im Schritt.* Mit diesem Übertretenlassen kannst du beginnen, sobald alle Anzeichen der Losgelassenheit gegeben sind.

● *Voraussetzung für die weiterführende,* die eigentliche *Handarbeit* ist die *abgeschlossene Grundlagenarbeit.*

Bevor du mit Handarbeit beginnst, muß dein Pferd an der Longe oder unter dem Reiter gelöst worden sein.

Merke dir

● Die *Ausrüstung* ist dieselbe wie beim Reiten: Anstelle des Sattels kannst du auch einen Longiergurt benutzen. (Aber: Kontrolliere, daß er nicht verrutscht, also nicht scheuert.)

● Beim gesattelten Pferd schnallst du die Ausbinder bis etwa zur Mitte des Sattelblattes oder bis zum Ende der Strippe höher.

● Zusätzlich zur genannten Ausrüstung brauchst du eine etwa 1,50—2,00 m lange Handarbeitsgerte. Streichgamaschen oder Bandagen können Verletzungen verhindern. In der ersten Zeit sind Ausbinder, Longe und Longierpeitsche sehr empfehlenswert.

● Anstelle der Ausbinder kannst du auch den sogenannten Dreieckszügel benutzen.

● Wenn dein Pferd die Grundtechnik beherrscht, kannst du die Handarbeit auch ohne Ausbinder ausfüh-

Dreiecks-zügel

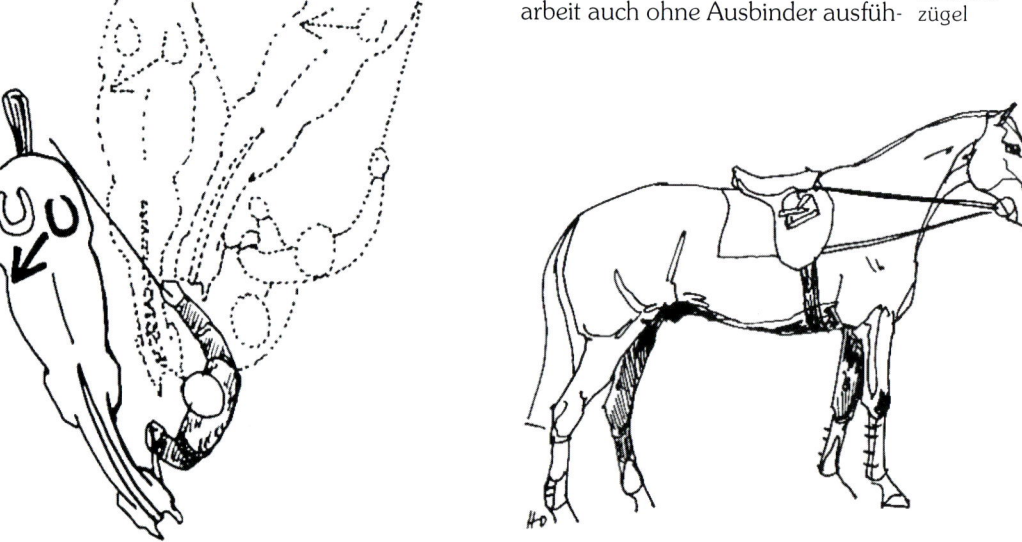

114

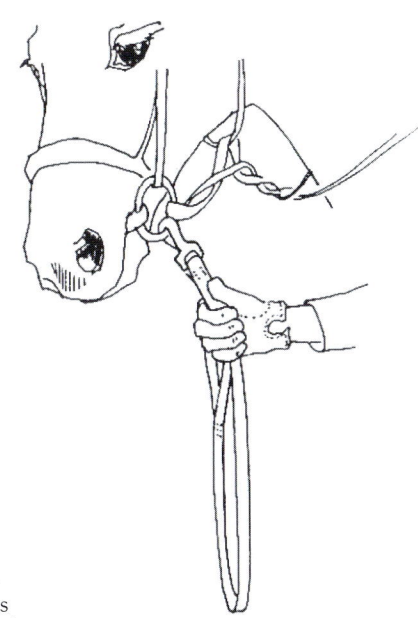

Verwendung des Führzügels

● *Ich empfehle, bei der Handarbeit Handschuhe zu tragen.* Metallteile und Schnallen können allzu leicht Verletzungen an den Händen verursachen, die unangenehm oder schmerzhaft sind und dann auch deine Geschicklichkeit beeinträchtigen!

● Zur richtigen *Grundtechnik* gehört auch die richtige Position des Ausbilders: *Du stehst in Höhe des Pferdekopfes mit der Schulter zum Pferd.*

ren, indem du den äußeren Zügel etwa zwei Handbreit hinter dem Genick herüberführst. Dies bietet sich an, wenn du dein Pferd vorher unter dem Sattel gearbeitet hast.

● Statt mit der Longe oder den Zügeln kannst du auch mit einem Führzügel an der Hand arbeiten.

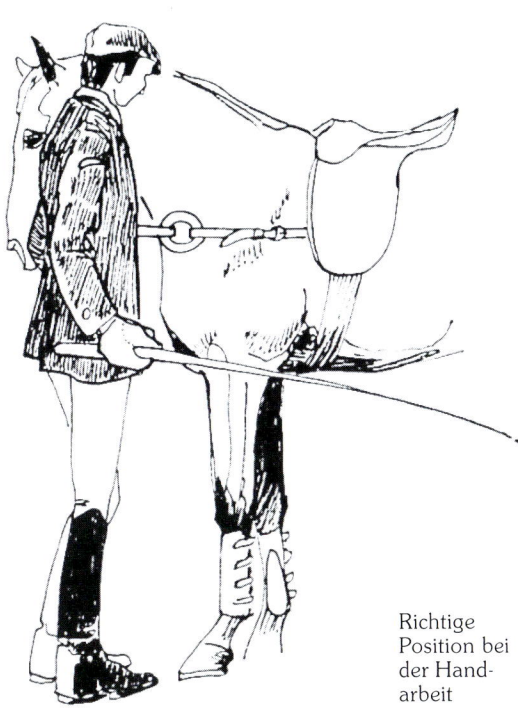

Richtige Position bei der Handarbeit

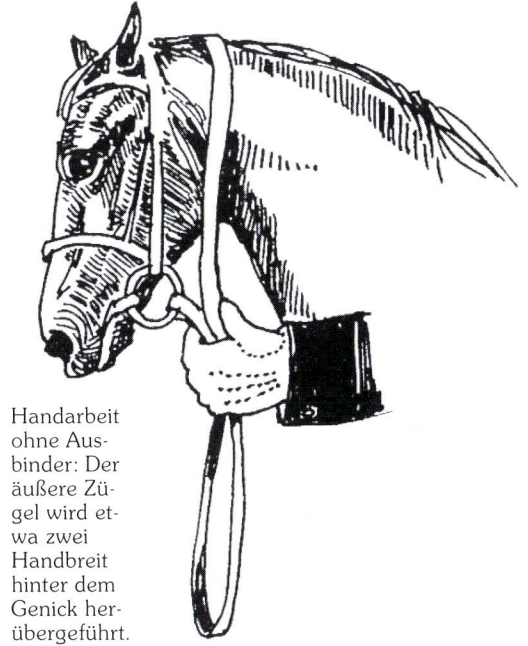

Handarbeit ohne Ausbinder: Der äußere Zügel wird etwa zwei Handbreit hinter dem Genick herübergeführt.

● In dieser Position gehst du mit ruhigen Schritten in der entsprechenden Bewegung rückwärts mit und hältst eine elastische, ruhige Verbindung zum Pferdemaul — nicht du sollst piaffieren, sondern dein Pferd soll es lernen!

Immer das ganze Pferd und nicht nur die Hinterbeine ansehen — vor allem Gesicht, Haltung, Schweifhaltung und Atmung beobachten!

Achte darauf

115

Diagonal und ausdrucksvoll soll das Pferd treten.

● Du aktivierst dein Pferd mit der *Stimme* (z.B. Schnalzen) und mit der Handarbeitsgerte.

● *Bei deiner Einwirkung mit der Stimme ist es* — wie auch beim Longieren — *entscheidend, daß du immer dasselbe Wort, vor allem aber dieselbe Betonung verwendest:* für den Antritt z.B. ein kurzes »komm!«, wobei die Stimme oben bleibt, beim Anhalten ein langgezogenes »Haaalt!« mit gesenkter Stimme.

● Beim Loben mit der Stimme sagst du ebenfalls immer dasselbe Wort, z.B. »braaav!«, wobei du die Stimme senkst.

● *Für die Einwirkung mit der Stimme ist es im Grunde unwichtig, was du sagst; ausschlaggebend sind die Wortlänge und vor allem der Klang. So reagierten australische und kanadische Pferde beim Longieren und bei der Handarbeit sofort auf meine deutschen Worte, obwohl sie diese Sprache noch nie zuvor gehört hatten!*

● Versuche immer, mit einem Minimum an Einwirkung auszukommen; fordere dein Pferd zuerst nur mit der Stimme, dann mit der Gerte auf.

● *Probiere aus, an welcher Stelle die Gertenhilfe am besten wirkt:* un-

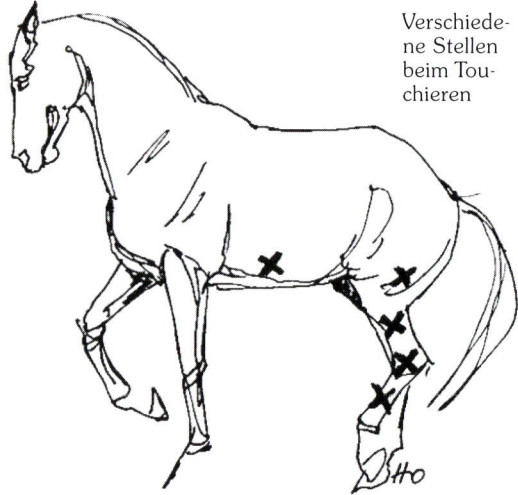

Verschiedene Stellen beim Touchieren

116

ter- oder oberhalb des Sprunggelenks, am Oberschenkel oder kurz hinter dem Sattelgurt. Zeitweilig kann es zweckmäßig sein, zwischen verschiedenen Stellen zu wechseln, z.B. über die Kruppe an der äußeren Seite, wenn das Pferd nach außen ausweicht.

● Das Pferd muß die Gerte respektieren, darf aber auf keinen Fall Angst davor bekommen.

● Wirke mit der Gerte immer auf das abfußende Hinterbein ein.

● Gib die Gertenhilfe nicht mit stets gleichbleibender Stärke, sondern dosiere sie nach Empfindlichkeit und Reaktion des Pferdes. Beachte auch hier den Grundsatz einer immer feiner werdenden Abstimmung auf die Hilfen.

● Im Zusammenspiel mit den treibenden Hilfen fängst du die Vorwärtsbewegung mit der federnden Hand (Hand-, Ellbogen- und Schultergelenk locker!) nach rückwärtsaufwärts in Richtung Genick auf.

Merke dir Treibe dir nie mehr in die Hand als du mühelos auffangen kannst.

● Lobe beim kleinsten Fortschritt —

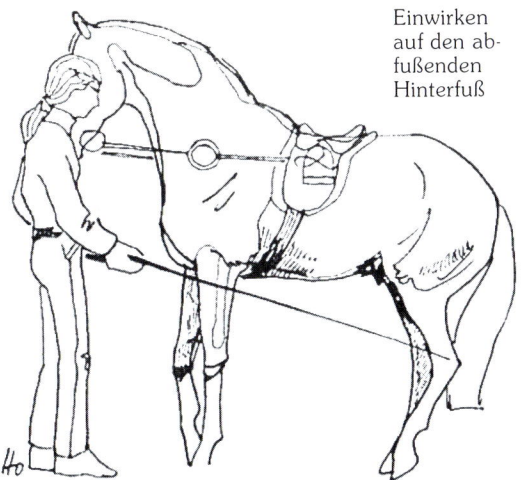

Einwirken auf den abfußenden Hinterfuß

auf gar keinen Fall darfst du länger als fünf Minuten in Folge üben.

● Sehr bewährt hat es sich, während der ersten Zeit immer wieder zwischen Handarbeit und dem Vorwärts-Longieren abzuwechseln. In diesem Fall benutzt du für die Arbeit an der Hand die Longe. Damit du ein besseres Gefühl für das Pferdemaul hast, hältst du die Verbindung zum Maul mit Daumen und Zeigefinger und fixierst die Schlaufen der Longe zwischen Zeigefinger und

Mit dem Reitergewicht verliert das Pferd zuerst an Leichtigkeit und Ausdruck.

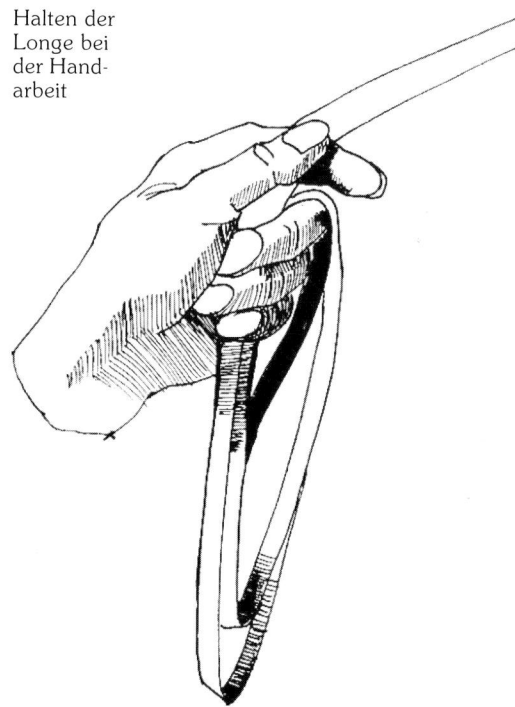

Halten der
Longe bei
der Hand-
arbeit

● Dann läßt du dein Pferd in kurzen Reprisen um dich herum im Schritt und später im Trab übertreten.

● Gut bewährt hat sich die folgende Methode: *Bevor du auf den Hufschlag gehst, entwickelst du die erste Versammlung aus dem vorangegangenen Übertreten im Trab.* Du führst dabei die Vorhand allmählich nach außen und kommst so zum Schulterherein auf der Volte (Volte im Schwenken).

Volte im
Schwenken

Mittelfinger — also mit den restlichen drei Fingern.

● Du fängst in der Regel auf der linken Hand an, arbeitest aber von Anfang an gleichmäßig auf beiden Händen.

● Das _methodisch richtige Vorgehen_ beginnt, indem du das Pferd mit der Handarbeitsgerte vertraut machst. Du streichst es immer wieder mit der Gerte über Kruppe und Hinterbeine ab, bis es keine Ängstlichkeit mehr zeigt.

Abstreichen
mit der
Handar-
beitsgerte

● *Übe so auf der Volte immer wieder den Antritt und fange danach dein Pferd mit weicher Hand wieder zum Halten auf.* Nach kurzer Zeit wirst du feststellen, daß es sich immer leichter an der Hand abstößt, durchlässiger wird.

● Aus dem Schulterherein auf der Volte führst du die Vorhand immer mehr vor die Hinterbeine und kommst so mit der Zeit zu einigen halben Tritten, wonach du sofort lobst und aufhörst.

● Aus der Volte läßt du das Pferd allmählich zum Hufschlag und in einigen halben Tritten geradeaus gehen. Du übst dann auf dem Hufschlag immer wieder aus dem Halten den Antritt zum versammelten Trab. Wie immer, beginnst du damit auf der linken Hand.

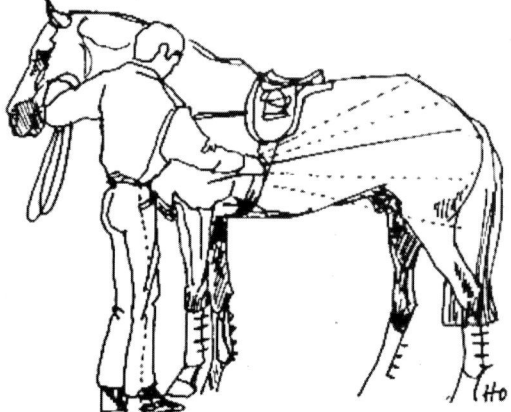

118

Halbe Tritte
aus dem
Schulterher-
ein

passiv und geschmeidig sitzt, während du weiter an der Hand arbeitest.

● Werde mit den Hilfen von unten immer feiner, und laß das Pferd unter dem elastisch mitfedernden Reiter immer selbständiger arbeiten. Gewöhne es dabei an die Hilfengebung des Reiters (Schülers).

Das Pferd darf sich nicht an das **Merke dir**
Nachhelfen von unten derart gewöhnen, daß es den Reiterhilfen allein nicht gehorcht. Ziel der Handarbeit ist, daß das Pferd diese Übung letztlich alleine auf die Reiterhilfen hin ausführt.

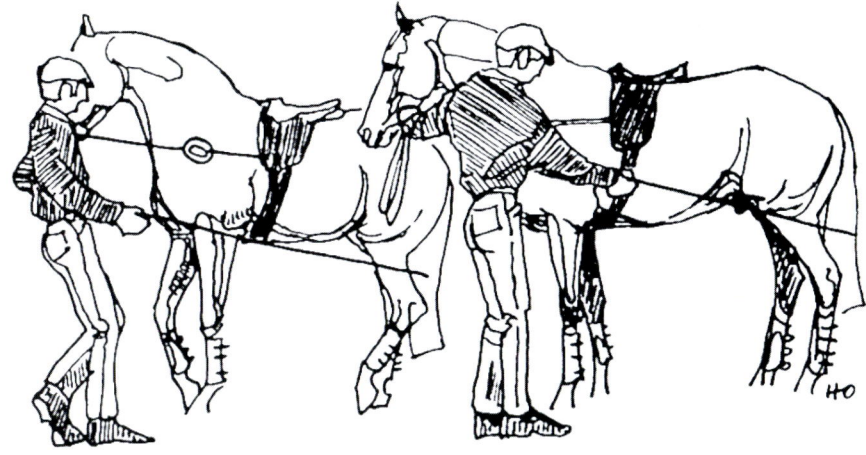

Halbe Tritte
aus dem
Halten auf
dem Huf-
schlag

● Daraus entwickelst du schließlich auch auf dem Hufschlag die halben Tritte, die mit der Zeit zu einer Piaffe im Vorwärts reifen.

● Wenn es irgendwelche Schwierigkeiten gibt, z. B. Rückwärtsgehen, nach innen laufen (gegen die Gerte) oder die Weigerung, vorwärts zu gehen, kommst du auf die Volte im Schwenken zurück (schulterhereinartig nach vorne auf eine Volte nehmen), um das Pferd wieder in die taktmäßige Vorwärtsbewegung zu bringen.

● *Wenn das Pferd gelernt hat, an der Hand im Vorwärts zu piaffieren, dann kann es mit einem leichten Reiter belastet werden*, der vorerst nur

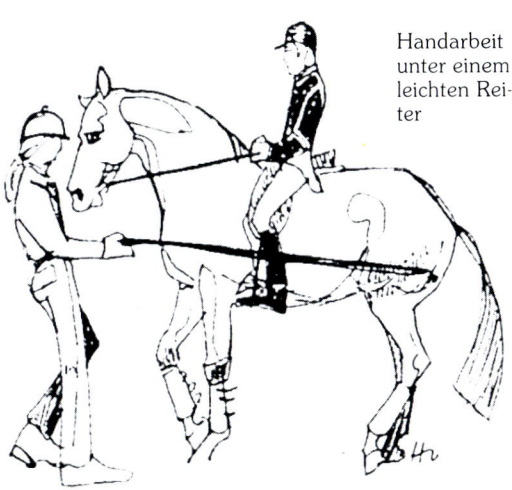

Handarbeit
unter einem
leichten Rei-
ter

● Bei der weiteren Ausbildung von Piaffe und Passage unter dem Reiter kann es zweckmäßig sein, wenn ein fachkundiger Helfer zusätzlich von unten deine Arbeit unterstützt und kontrolliert.

Vergiß nicht Auch nach der versammelnden Arbeit an der Hand muß dein Pferd am Ende der Stunde wieder abgespannt, also an der Longe oder unter dem Reiter wieder gedehnt werden. Die abschließenden zehn Minuten Schritt sind natürlich genauso einzuhalten wie bei der Arbeit unter dem Reiter!

Schwierigkeiten und Tips

Problem Das Pferd versucht wegzulaufen.

Tips ● Überprüfen, ob Angst die Ursache ist.
● Die Anforderung herabsetzen, z.B. die Reprisen verkürzen.
● Weniger treiben und nur mit der Stimme einwirken.
● Vom Hufschlag zuerst wieder auf die Volte im Schwenken gehen.
● Die Ausbinder überprüfen und gegebenenfalls verkürzen.
● Schwächer und/oder an anderer Stelle touchieren (durch Ausprobieren herausfinden).

Problem Dein Pferd läuft rückwärts.

Tips ● Gehe hinter das Auge des Pferdes.
● Bringe das Pferd durch eine Volte im Schwenken wieder in die Vorwärtsbewegung.
● Verlängere unter Umständen die Ausbinder – die Nase des Pferdes muß immer vor der Senkrechten sein.
● Mehr, aber leichtere Paraden geben.

Problem Dein Pferd tritt nach außen zur Bande hin weg.

● Den äußeren Ausbinder bis zu **Tips** fünf Löcher verkürzen. Dies hilft auch, wenn das Pferd über die äußere Schulter läuft.
● An der Außenseite der Kruppe über den Rücken hinweg touchieren.

Dein Pferd drückt nach innen. **Problem**

● Wieder auf einer Volte im **Tips** Schwenken von der Gerte wegtreten lassen.
● Wenn die Vorhand mehr nach innen kommt, auf die innere Ganasche drücken und das Pferd wieder nach außen führen.

Dein Pferd geht ungleich. **Problem**

● Geraderichtung kontrollieren: **Tips** Wenn dein Pferd schief ist, so trägt ein Hinterbein mehr Last.
● Achte darauf, daß der Hufschlag eben ist.
● Schnalle die Ausbinder gleich lang. Gleiche Lochabstände in den Ausbindern erleichtern die Kontrolle.
● Achte auf gleichmäßigen Handwechsel.

Dein Pferd geht zu eilig. **Problem**

● Laß es ruhiger werden, indem du **Tips** auf den Ausdruck vorerst verzichtest und weniger treibst.
● Schnalze nicht schneller, als du den Takt haben willst.

5.2. Seitengänge

5.2.1. Schulterherein

Voraussetzung: Bevor du Schulterherein reitest, muß dein Pferd gelernt haben, auf dem Zirkel und in den Volten mit dem inneren Hinterfuß vermehrt Last aufzunehmen.

120

Mit Schultervor beginnt die Verfeinerung der Geraderichtung.

121

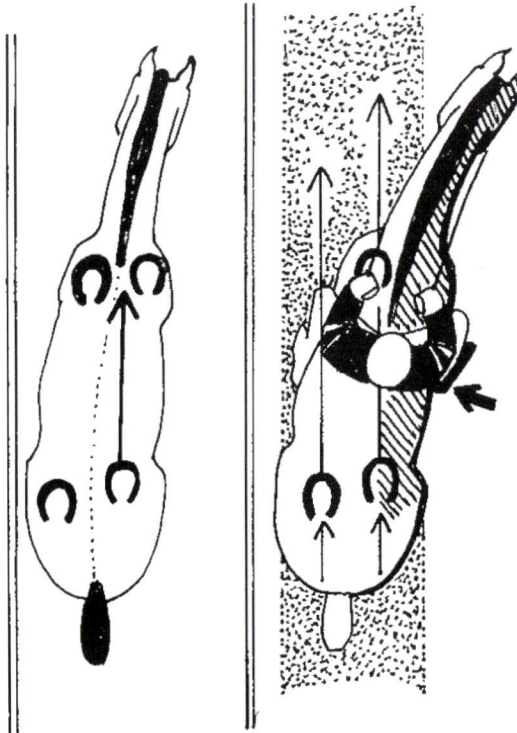

Zirkel im Schulterherein mühelos tragen kann, übst du diese Lektion an der langen Seite.

● In der *Verfeinerung* achtest du darauf, daß dein Pferd bei gleichbleibender Abstellung mit den Hinterbeinen Mitte Hufschlag auf der Linie bleibt.

● Mit dem jungen Reiter übst du immer wieder den Ansatz und läßt ihn dann wieder geradeaus reiten, damit er lernt, die Vorhand hereinzuführen und nicht die Hinterbeine hinauszudrücken.

● Zur Beendigung des Schulterhereins führen äußerer Zügel und innerer Schenkel die Vorhand wieder zurück.

Schwierigkeiten und Tips

Das Pferd läuft über die äußere Schulter weg. **Problem**

Korrektes Schultervor (oben links) und Schulterherein (oben rechts).

● Als *Vorbereitung für Schulterherein* wird *Schultervor* geritten. Das Pferd ist dabei geringfügig gestellt und gebogen (weniger als beim Schulterherein). Der innere Hinterfuß tritt in Richtung zwischen die Vorderbeine.

● Schultervor und Zirkel-Verkleinern-und-Vergrößern kannst du schon als vorbereitende und geraderichtende Übung im Rahmen der Klasse L reiten.

Ausführung: Wenn du mit Schulterherein beginnst, zeigst du dem Pferd oder dem jungen Reiter die Übung zuerst im Schritt.

● *Im Trab übst du Schulterherein am besten auf dem Zirkel.* Über Schultervor verlangst du allmählich immer mehr Abstellung (bis zu einem Schritt), wobei Takt und Biegung erhalten bleiben müssen. Dies übst du in kurzen Reprisen, wobei auf den Wechsel zwischen Seitengang und Vorwärtsreiten auf gerader Linie Wert zu legen ist.

● Sobald das Pferd sich auf dem

● Durch Schließen und Öffnen der äußeren Hand aus der Verbindung heraus den Hals außen begrenzen. **Tip**

Schulterherein auf dem Zirkel und anschließendes Vorwärtsreiten auf gerader Linie

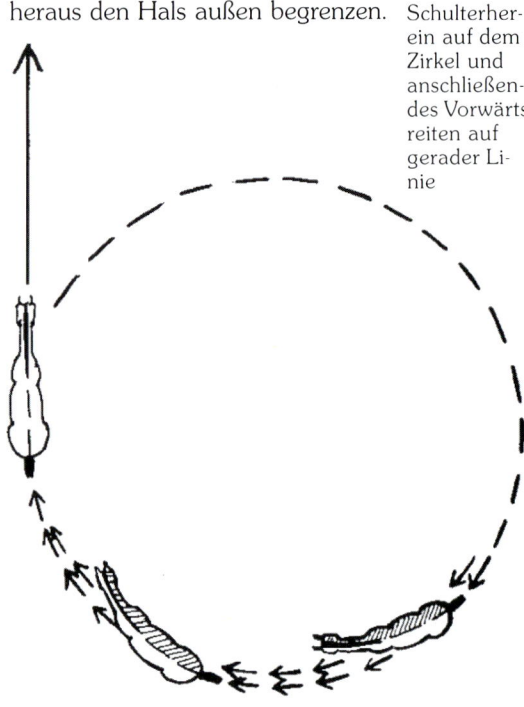

122

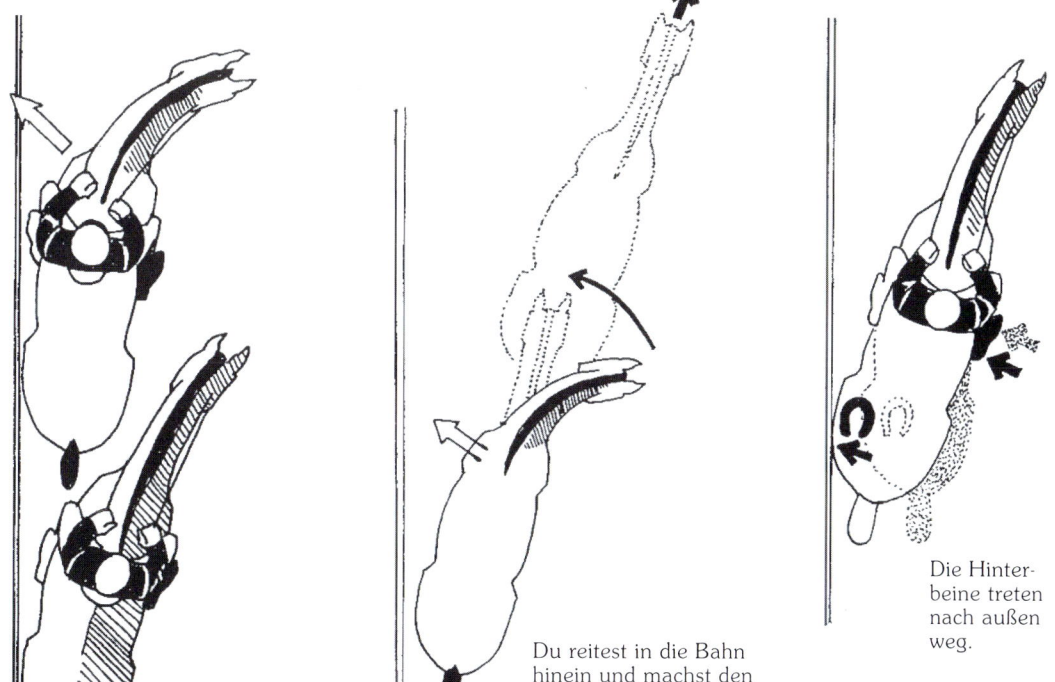

Das Pferd läuft über die äußere Schulter weg (oben), Korrektes Schulterherein (unten)

Du reitest in die Bahn hinein und machst den Hals wieder gerade.

Die Hinterbeine treten nach außen weg.

Tip ● Schulterherein beenden, indem du den Hals gerade machst und in die Bahn hineinreitest. Dann erneut einleiten.

Problem Die Hinterbeine treten nach außen weg — bleiben also nicht in der Mitte des Hufschlags.

Tips ● Beim Ansatz die Vorhand hereinführen und nicht die Hinterbeine hinausdrücken.
● Darauf achten, daß der innere Schenkel nicht zurückgeht, sondern im Lot Schulter — Hüfte — Absatz bleibt.
● Lage und begrenzende Wirkung des äußeren Schenkels kontrollieren.

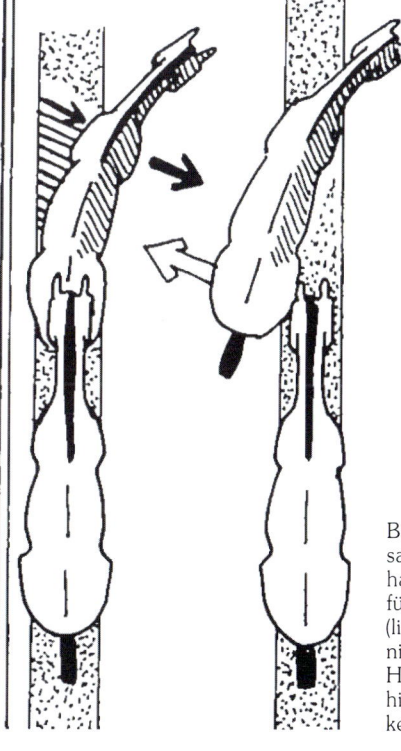

Beim Ansatz die Vorhand hereinführen (links) und nicht die Hinterbeine hinausdrükken (rechts).

123

Schulterher-
ein wird
auch die
Mutterlek-
tion der Sei-
tengänge
genannt.

124

Problem Das Pferd schwankt beim Schulterherein, bleibt also nicht gleichmäßig auf einer Linie.

Tips ● Durch kürzere Strecken im Schulterherein sicherstellen, daß das Pferd fähig ist, sich genügend auszubalancieren.
● Einen Punkt fest ins Auge fassen und dann den Augen folgen. Dies hilft auch beim Schulterherein ohne Anlehnung an eine Begrenzung – also z. B. auf der Mittellinie.

Problem Die Biegung geht verloren.

Tips ● Auf eine Volte abwenden und die Biegung daraus ins Schulterherein mitnehmen.
● Auf den Zirkel gehen und das Schulterherein wieder allmählich über Schultervor entwickeln.

Nimm die Biegung aus der Volte mit ins Schulterherein.

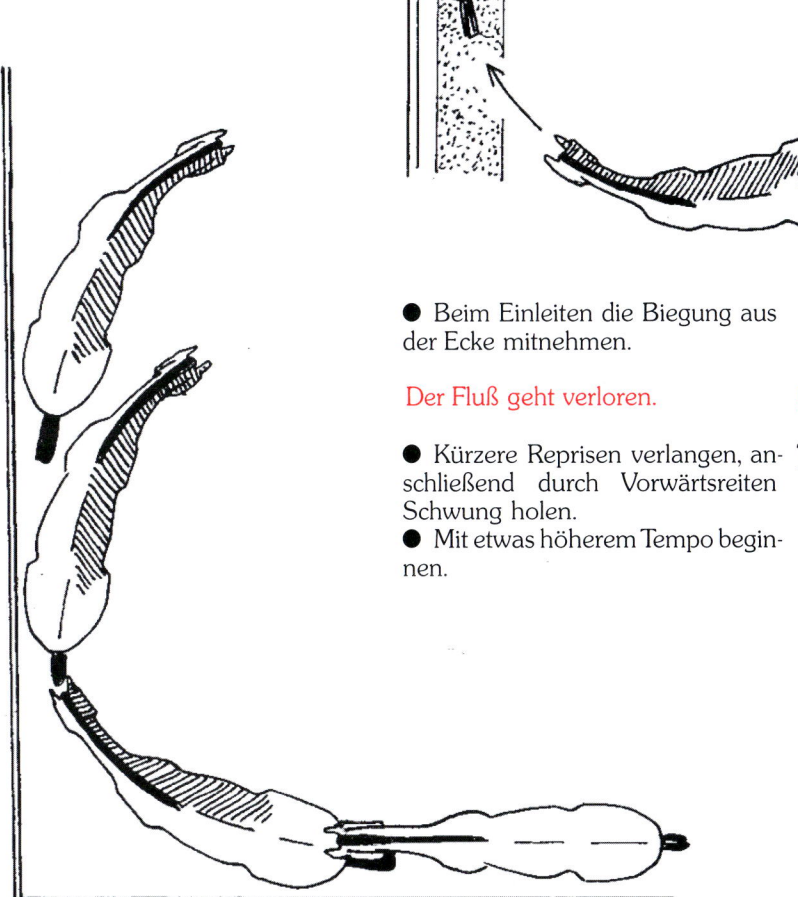

● Beim Einleiten die Biegung aus der Ecke mitnehmen.

Der Fluß geht verloren. **Problem**

Tips ● Kürzere Reprisen verlangen, anschließend durch Vorwärtsreiten Schwung holen.
● Mit etwas höherem Tempo beginnen.

Nimm die Biegung aus der Ecke mit.

125

5.2.2. Travers und Renvers

● *Travers* ist eine Vorstufe für die Traversale.

● *Voraussetzung:* Mit Travers kannst du anfangen, wenn dir das Schulterherein wenigstens über kurze Strecken gelingt.

● Dein Pferd sollte schon auf dem Ausbildungsniveau der Kl. L gelernt haben, bei Kurzkehrtwendungen und beim Zirkel-Verkleinern leicht vom äußeren Schenkel wegzugehen.

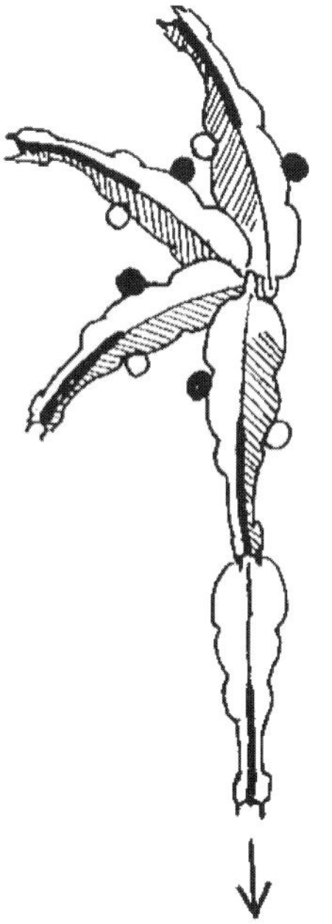

Kurzkehrt-
wendung

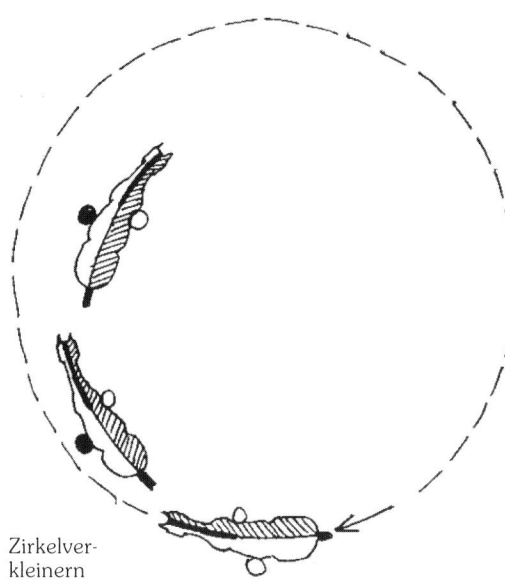

Zirkelver-
kleinern

● Zu Beginn zeigst du dem Pferd und dem Schüler Travers im Schritt. Auf diese Weise kannst du später auch die Abstimmung auf feine Hilfen erreichen.

● *Wie das Schulterherein beginnst du das Travers in kurzen Reprisen auf dem Zirkel*, weil du dabei die schon vorhandene Biegung benutzen kannst. Wichtig ist die konsequente und feine Abstimmung auf den äußeren Schenkel.

● Du fühlst zuerst im Schultervor mit der inneren Wade durch und läßt dann mit dem äußeren Schenkel den äußeren Hinterfuß in Richtung zwischen die Vorderbeine tre-

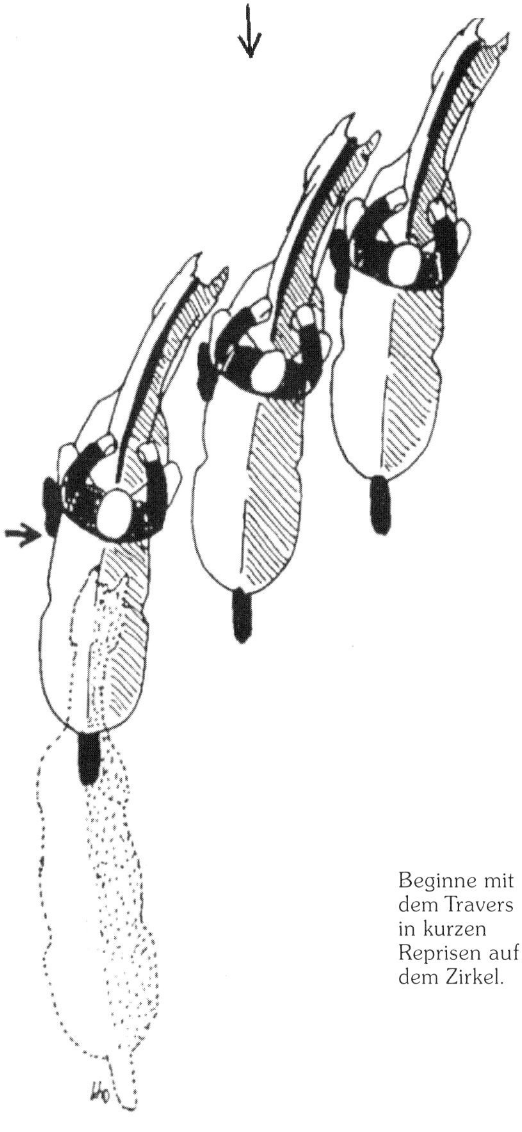

Beginne mit
dem Travers
in kurzen
Reprisen auf
dem Zirkel.

126

ten. Du verlangst also zuerst weniger Abstellung.

Denke daran

Die innere Wade sorgt für Biegung und Vorwärts.

● Dem Schüler hilft zur Aktivierung des inneren Schenkels der Hinweis, gleichzeitig zum Travers den Zirkel größer zu reiten.
● *Reite anfänglich kurze Reprisen und wechsle ab mit Schwungentfaltung:* So ist Travers eine gute gymnastische Übung.
● Wenn Travers auf dem Zirkel gelingt, reitest du daraus einige Pferdelängen auf gerader Linie weiter. Gibt dein Pferd Stellung und Biegung auf, bereitest du die Übung erneut auf dem Zirkel vor.

Renvers ist Travers nach der anderen Seite. Das Pferd ist z. B. auf der linken Hand anstatt nach links nach rechts — in die Bewegungsrichtung — gestellt und gebogen. Statt der Vorderbeine bleiben die Hinterbeine auf dem Hufschlag.

Beim Travers wird die Hinterhand, beim Renvers die Vorhand auf den zweiten Hufschlag geführt. Beendet wird Renvers, indem die Vorhand auf die Hinterhand ausgerichtet wird (Prinzip der Geraderichtung).

Erst wenn Travers auf dem Zirkel gelingt, reitest du daraus einige Pferdelängen auf gerader Linie weiter.

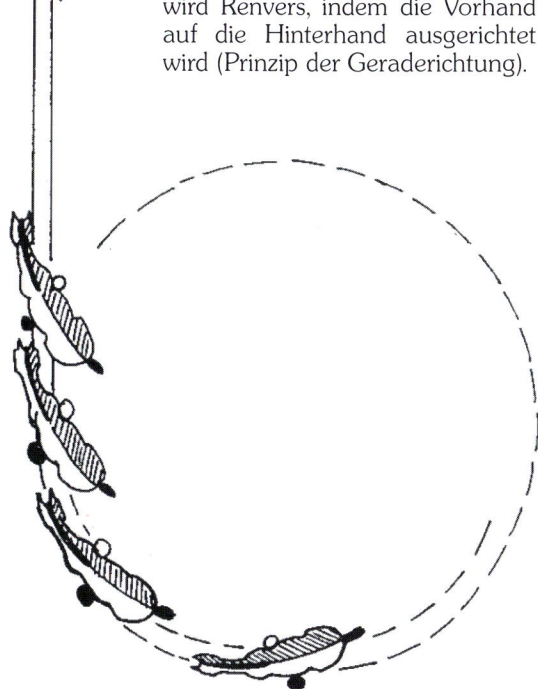

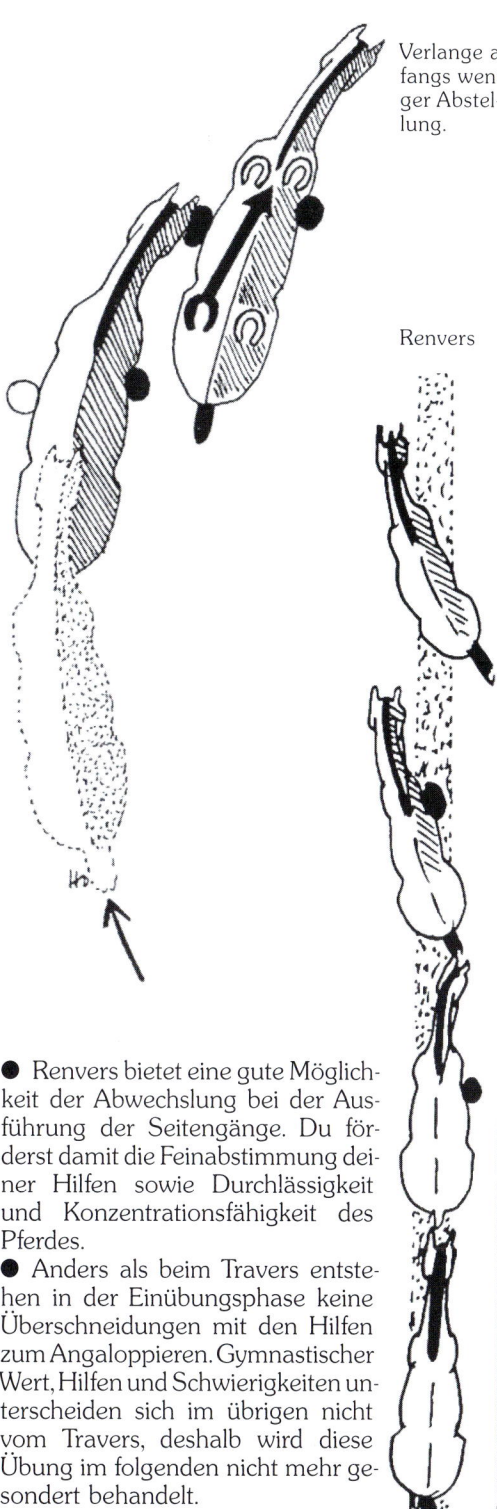

Verlange anfangs weniger Abstellung.

Renvers

● Renvers bietet eine gute Möglichkeit der Abwechslung bei der Ausführung der Seitengänge. Du förderst damit die Feinabstimmung deiner Hilfen sowie Durchlässigkeit und Konzentrationsfähigkeit des Pferdes.
● Anders als beim Travers entstehen in der Einübungsphase keine Überschneidungen mit den Hilfen zum Angaloppieren. Gymnastischer Wert, Hilfen und Schwierigkeiten unterscheiden sich im übrigen nicht vom Travers, deshalb wird diese Übung im folgenden nicht mehr gesondert behandelt.
● Bevor du die Vorhand vom Hufschlag in die Bahn führst, stellst du dein Pferd nach außen und fühlst

127

Travers ist
die Vorberei-
tungsübung
zur Traver-
sale.

128

mit der neuen inneren Wade durch. Mit Schultervor zur Bande hin kannst du harmonisch die Biegung vorbereiten.

Diese Übung ist — wie das Travers — anstrengender als Schulterherein und soll deshalb nur in kurzen Reprisen und im Wechsel mit Schwungentwicklung geritten werden.

Schwierigkeiten und Tips

Problem

Dein Pferd galoppiert beim Ansatz zum Travers an.

Tips

● Kontrolliere deine Schenkeleinwirkung. Sorge dafür, daß die Wa-

den im Trabtakt mitfedern und nicht pressen, sonst kann dein Pferd die Hilfen zum Travers leicht mit jenen zum Angaloppieren verwechseln.
● Reite vorübergehend mehr Renvers als Travers.

Das Pferd verliert Stellung und Biegung. **Problem**

● Beende die Übung und fühle erneut beim Schultervor mit der inneren Wade durch. **Tips**
● Wenn du mit Travers gerade erst begonnen hast, bereite es wieder auf dem Zirkel vor. Wertvoller ist es, den Ansatz einige Male zu üben als längere Strecken zu verlangen.
● Nimm Stellung und Biegung aus der Ecke oder Volte mit.
● Habe vor allem viel Geduld mit kurzen Pferden, die sich besonders schwer mit dieser Übung tun.

Dein Pferd verliert an Fluß. **Problem**

● Kürzere Reprisen verlangen. **Tips**
● Etwas mehr Schwung beim Beginn des Travers.
● Bei Pferden, die sich bei dieser Übung von selbst stark aufnehmen, hat es sich gut bewährt, Travers anfänglich im Leichttraben zu üben.
● Kontrolliere die Abstellung! Der äußere Hinterfuß soll zum inneren Vorderfuß treten. Du siehst also von vorne drei — und nicht vier — Beine.

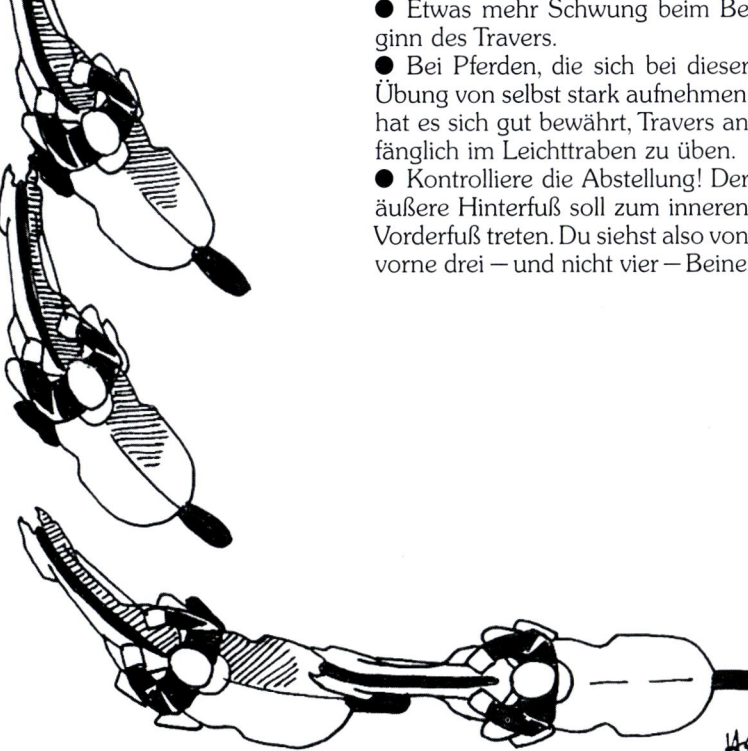

Nimm Stellung und Biegung aus der Ecke (oder Volte) mit.

Zu Beginn
von Ren-
vers wird
die Vorhand
in die Bahn
geführt.

5.2.3. Traversale

Traversalen werden im versammelten Trab und später im versammelten Galopp verlangt.

Voraussetzungen: Du beginnst mit den Ansätzen zur Traversale, wenn dein Pferd Schulterherein und Travers beherrscht.

Wir unterscheiden folgende Arten der Traversale:

— die *halbe Traversale*: von der Mittellinie zum Hufschlag oder von diesem zur Mittellinie;
— die *doppelte halbe Traversale*: jeweils eine halbe Traversale von der Mittellinie zum Hufschlag und wieder zurück oder umgekehrt;
— die *ganze Traversale*: Sie verläuft über eine ganze Diagonale, z.B. von M nach K;

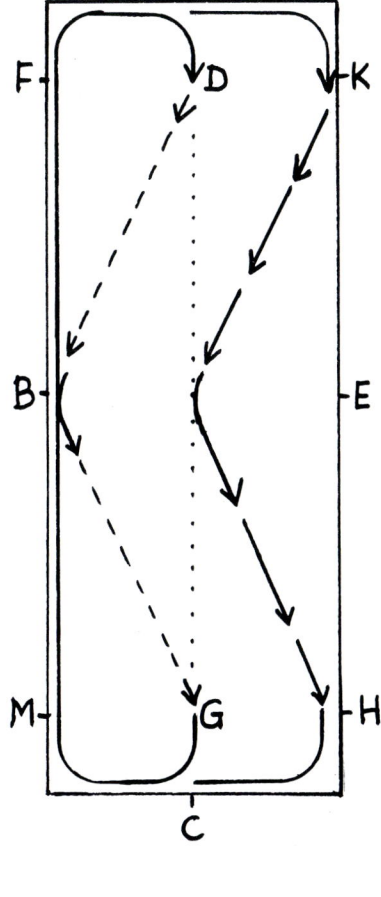

Doppelte halbe Traversale

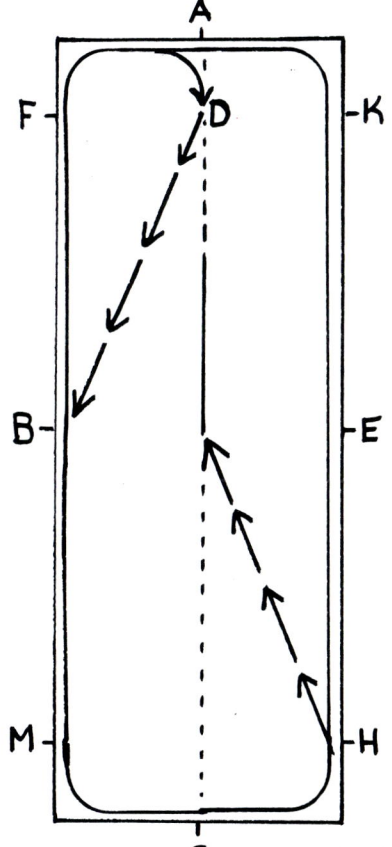

Halbe Traversale von der Mittellinie zum Hufschlag und von diesem zur Mittellinie.

— Die *Zick-Zack-Traversale*: Sie ist nach rechts und nach links von der Mittellinie zu reiten und wird im Trab nach Metern, im Galopp nach Sprüngen bemessen;
— die *doppelte ganze Traversale*: z.B. von K zu B und von dort zu H. Sie wird erst in den schwierigsten Aufgaben verlangt.

● *Hilfen:* An den *äußeren Schenkel* denken alle — mindestens genauso wichtig ist jedoch der *innere*, weil er für Biegung und Vorwärts (Fluß) zuständig ist.

Fühle das innere Knie etwas tiefer, damit dein *Gewicht* auf der inneren Seite bleibt — das Pferd will zu deinem Schwerpunkt hintreten.

Laß mit dem *äußeren Zügel* die Dehnung für Stellung und Biegung zu und werde *innen* fein. Wenn die Biegung in Ordnung ist, hält dein Pferd die Stellung von selbst.

131

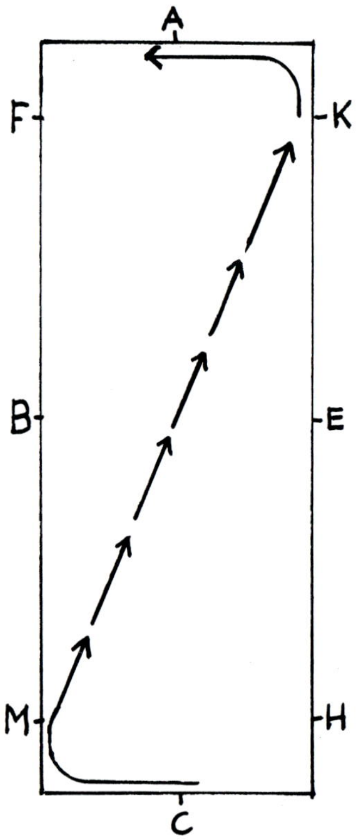

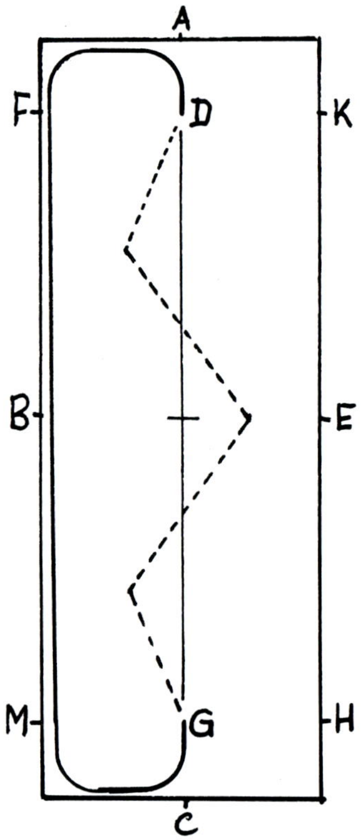

Ganze Tra-
versale
(oben links)
und Zick-
zacktraver-
sale (oben
Mitte).

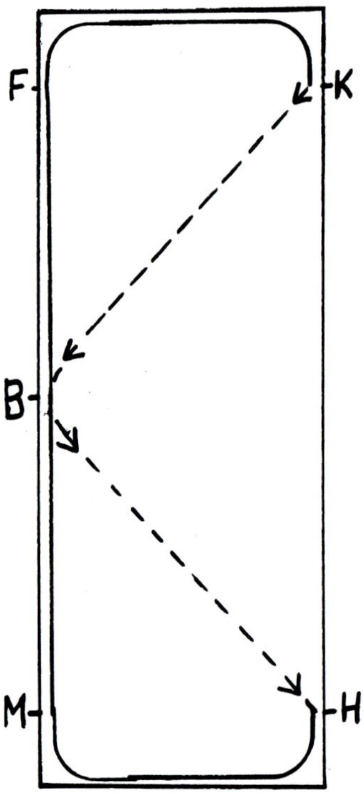

Doppelte
ganze Tra-
versale
(oben
rechts)

● Da die Traversale dem Pferd im Trab leichter fällt als im Galopp, beginnst du mit der Galopptraversale erst, wenn dein Pferd die Traversalen im Trab erlernt hat.

● *Eine gute Übung zur Entwicklung der Traversale ist der Ansatz aus dem Travers auf dem Zirkel:* Du reitest einige Pferdelängen der Traversale aus dem Travers heraus zur offenen Seite hin in die Bahn hinein. Dabei sind Anfangs- und Endpunkt beliebig und richten sich nur nach Takt, Fluß und der intakten Stellung und Biegung.

Merke dir Anfangs genügen einige Pferdelängen. Wenn Takt, Fluß oder Biegung verlorengehen, hörst du auf und bereitest einen neuen Ansatz vor.

● Im Anfangsstadium reitest du die Traversale gut nach vorne und weniger nach der Seite. Die Vorhand soll zuerst deutlich vorausgehen.

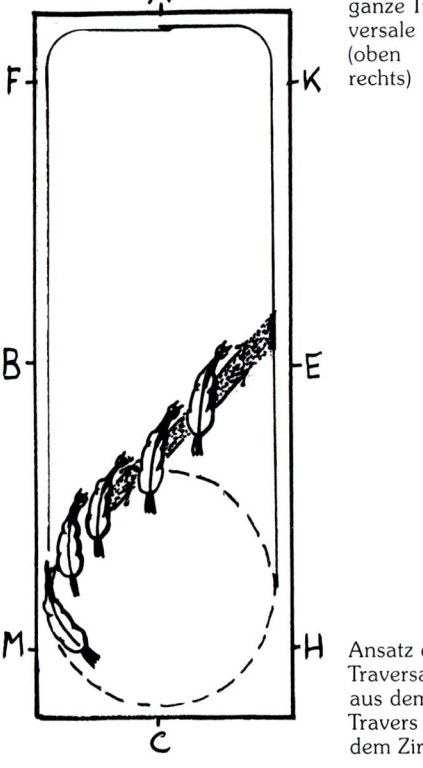

Ansatz der
Traversale
aus dem
Travers auf
dem Zirkel

132

Anfangs
soll die Vor-
hand deut-
lich voraus-
gehen.

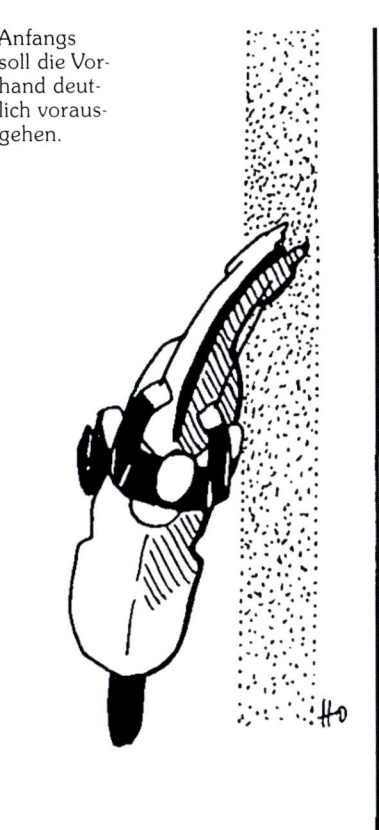

Vorberei-
tung von
Stellung
und Bie-
gung

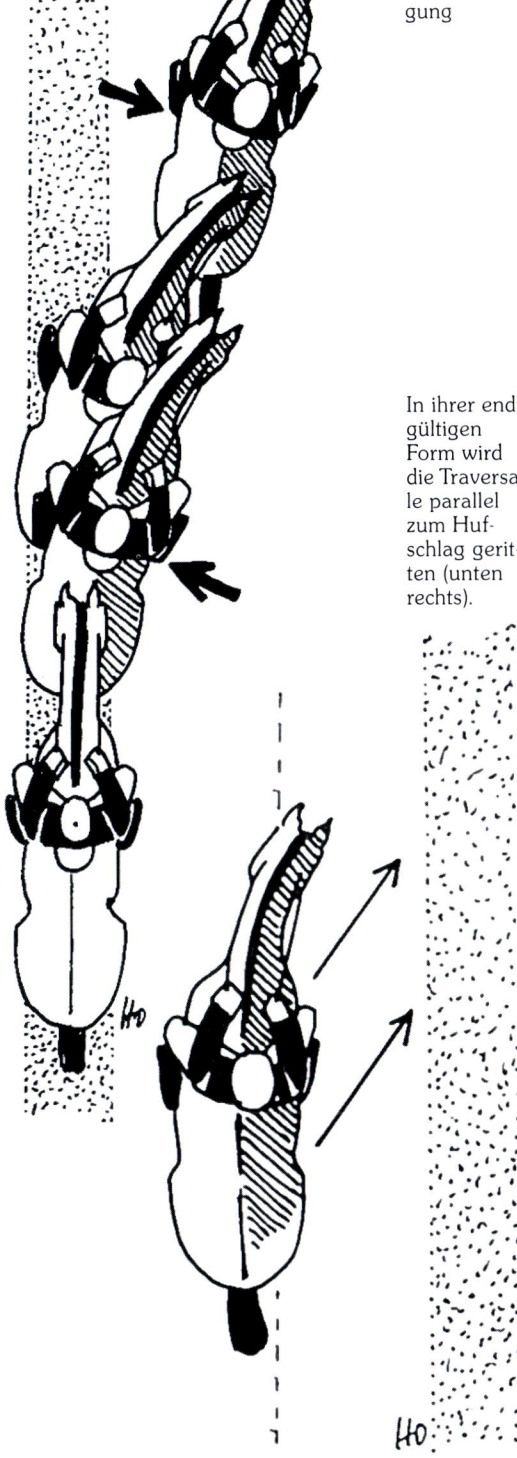

In ihrer end-
gültigen
Form wird
die Traversa-
le parallel
zum Huf-
schlag gerit-
ten (unten
rechts).

● Die halbe Traversale beginnst du von der Mittellinie aus in Richtung Hufschlag.
● Vorher verkürzt du den inneren Zügel, fühlst über Schultervor (nicht Schulterherein!) innen durch und bereitest damit Stellung und Biegung vor.
● Erst wenn das Pferd auf immer feinere Hilfen hin die Traversale in Takt, Biegung und Fluß durchhält, reitest du allmählich über die vorgeschriebene Strecke genau auf den Punkt zu.
● Während anfangs die Vorhand gut einen Schritt vorausgehen sollte, reitest du in der endgültigen Ausformung die Traversale immer paralleler zum Hufschlag.
● Erst wenn die halben Traversalen nach beiden Seiten klappen, übst du die doppelte halbe Traversale.

133

Ausgezeichnete Traversale in Längsbiegung, Fluß und Versammlung (Dr. R. Klimke mit Pascal).

● Bei der doppelten halben Traversale und bei der Zick-Zack-Traversale kannst du ein Vorausgehen der Hinterhand beim Richtungswechsel so vermeiden: Du stellst zuerst um und legst erst danach die Beine für die neue Biegung und Seitwärtsbewegung um. Kurzform: erst Hände – dann Beine!

● *Bei der Traversale im Galopp erreichst du eine wesentlich feinere Reaktion, wenn du mit beiden Waden einwirkst.* Dabei beginnst du immer mit der äußeren und treibst im Galopprhythmus zur inneren hin. Die jeweilige Wade wirkt somit im Takt auf den abfußenden Hinterfuß ein.

● Bei der Zick-Zack-Traversale im Galopp stellst du beim letzten Galoppsprung vor dem Richtungswechsel dein Pferd gerade und reitest erst dann den fliegenden Wechsel. Du zählst also beispielsweise bei der Traversale mit vier Sprüngen beiderseits der Mittellinie »1, 2, 3, gerade!« und läßt danach den nächsten

Sprung in die neue Richtung springen.

Schwierigkeiten und Tips

Das Pferd verliert den Takt, wird also ungleich oder eilig. **Problem**

● Gehe mit den Anforderungen zurück und festige erneut Schulterherein und Travers. Verlange gegebenenfalls beim Travers zuerst weniger Abstellung, damit sich Bänder, Sehnen und Gelenke langsamer auf die noch ungewohnte Art der Beanspruchung einstellen können. **Tips**

● Laß die Vorhand zuerst wieder einen guten Schritt vorausgehen, bevor du mehr Parallelität verlangst

Im Ansatz geht die Hinterhand voraus. **Problem**

Tips

- Trainiere dein eigenes Gefühl, indem du immer wieder deinen Ansatz von unten kontrollieren läßt oder selber nach hinten schaust.
- Beginne die Traversale aus dem Schultervor, fühle also immer zuerst mit der inneren Wade durch, bevor du für die Seitwärtsbewegung den äußeren Schenkel einsetzt.
- Wenn das passiert, weil dir dein Pferd zuvorkommt, dann wechsle den Platz zum Üben, oder bleibe zwischendurch einfach im Schultervor.

Problem   Das Pferd geht zu wenig nach der Seite, der Platz reicht nicht aus.

Tips

- Stimme es zuerst im Schritt auf feine seitwärts treibende Hilfen ab (vgl. S. 43).
- Gehe bei der Einteilung der Strecke taktisch vor: Es ist z. B. bei der doppelten halben Traversale der kleinere Fehler, gleich nach der Ecke anzufangen, als mit dem Platz bei der zweiten halben Traversale nicht auszukommen oder Takt und Fluß zu verlieren.
- Dasselbe gilt für die Zick-Zack-Traversale: Du beginnst die erste Traversale gleich nach dem Erreichen der Mittellinie anstatt beispielsweise bei D.

Problem   Dein Pferd verwirft sich, das rechte Ohr ist z. B. tiefer.

Tips

- Verbessere die seitliche Geschmeidigkeit durch Arbeit auf gebogener Linie (z. B. Zirkel, Volten), durch Schultervor und Schulterherein.
- Zur momentanen Korrektur nimmst du die rechte Hand etwas höher. Du verstärkst die Wirkung, wenn du dabei den Zügel von unten über den Zeigefinger durch die Faust laufen läßt (das Zügelende unten).
- Stelle dein Pferd vorübergehend gerade, reite die Traversale ohne Stellung weiter, gib ihm dann erneut wieder Stellung.

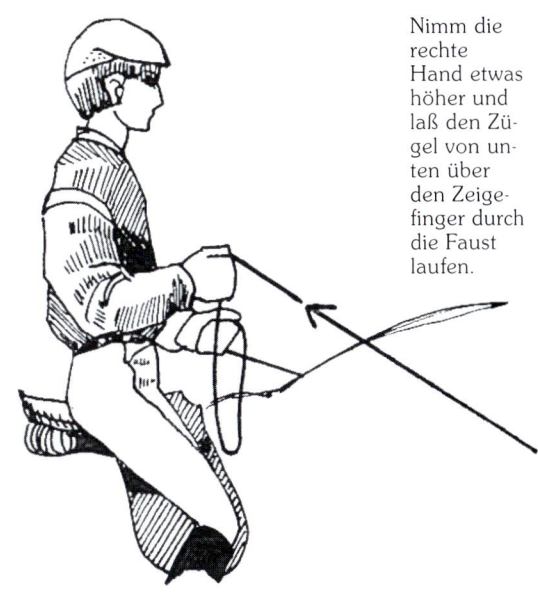

Nimm die rechte Hand etwas höher und laß den Zügel von unten über den Zeigefinger durch die Faust laufen.

Die Biegung geht verloren.   **Problem**

Tips

- Arbeite zur Vorbereitung mehr mit Travers.
- Denke an das Mitfedern der inneren Wade.
- Sobald die Biegung verlorengeht, reitest du eine Volte und nimmst die Biegung mit in die Traversale.
- Einen guten gymnastischen Effekt hat auch das wiederholte Abwechseln zwischen Schultervor und Traversale.
- Für Wettbewerbe kannst du — vorübergehend! — diesen Mangel ein wenig kaschieren, indem du deinem Pferd mehr Halsbiegung gibst.

Die Traversale hat zu wenig Fluß.   **Problem**

Tips

- Beginne die Traversale in einem etwas höheren Tempo.
- Reite auch mit einem älteren Pferd die Traversale beim Training immer wieder über eine lange Strecke vorwärts, beispielsweise von der Mittellinie bis zum letzten Wechselpunkt der langen Seite, um den Fluß zu verbessern. Reite sie in einem etwas höheren Tempo.

135

Bei der Zick-Zack-Traversale kommt dir das Pferd zuvor, wirft sich zur neuen Seite hin.

Tips

● Unterbrich die Traversale und reite einige Pferdelängen im Schultervor.

● Im Galopp achtest du darauf, daß dein Pferd dabei nicht von alleine umspringt. Variiere die Anzahl der Galoppsprünge rechts und links von der Mittellinie.

5.3. Fliegende Galoppwechsel

5.3.1. Einzelne fliegende Wechsel

Zeitpunkt

● *Häufig wird mit dem Ausbilden des fliegenden Wechsels zu lange gewartet.* Er ist eine ganz natürliche Angelegenheit und kann schon beim freilaufenden jungen Pferd ohne Reitergewicht, z. B. auf der Weide, beobachtet werden.

● Viele Pferde, die in der L-Dressur erfolgreich waren oder gar »ausgesiegt« haben, machen schon deshalb erhebliche Schwierigkeiten, weil ihnen durch einseitiges Trainieren des Außengalopps das Umspringen, das junge Pferde doch spielerisch auf der Weide zeigen, systematisch abgewöhnt wurde. Ja, sie wurden oft sogar dafür bestraft und sollen nun auf einmal das »Verbotene« wieder ausführen — was naturgemäß zu Mißverständnissen und Problemen führt.

● *Der beste Zeitpunkt* für den fliegenden Wechsel *ist dann, wenn du mit dem Außengalopp beginnst* und dein *Pferd* noch *die natürliche Tendenz* hat, in den *Handgalopp zu wechseln.* Du bildest also den flie-

genden Wechsel parallel zu den Anfängen des Außengalopps aus. Voraussetzung dafür ist natürlich, daß du selbst die fliegenden Wechsel beherrschst. Ist dies nicht der Fall, mußt du dir von einem erfahrenen Ausbilder helfen lassen.

● Wenn dein Pferd den Wechsel nach beiden Seiten verstanden hat, verfestigst du in aller Ruhe den Außengalopp, der in korrekter Ausführung allerdings den versammelten Galopp voraussetzt.

● Für *einzelne fliegende Wechsel muß der Grad der Versammlung nicht hoch sein.* Ein junges Pferd mit einem guten Galopp, das im Gleichgewicht geht und auf feine Hilfen hin angaloppiert, kann ohne weiteres den fliegenden Wechsel aus dem Arbeitsgalopp lernen.

● Das *gefürchtete ungewollte Umspringen des Pferdes im Außengalopp erübrigt sich durch zunehmende Durchlässigkeit, Versammlung und wachsenden Gehorsam von selbst.* Es ist allerdings empfehlenswert, etwa 14 Tage vor dem Start in einer L-Dressur keine neu eingeübten Wechsel mehr zu reiten.

> **Wichtig: Vor jedem Versuch, einen fliegenden Wechsel zu fordern, müssen die nachfolgenden vier Punkte in Ordnung sein.**

1. Der Galoppsprung muß rund, im *Dreitakt*, mit einer klaren Schwebephase — also nicht zu kurz — gesprungen werden.
2. Das Pferd muß vor dem nächsten Versuch erst wieder völlig gelassen, *losgelassen* sein.
3. Es muß völlig *gerade* sein, also mit den Hinterbeinen zum Schwerpunkt springen.
4. Es muß im *Gleichgewicht* sein, was du durch Überstreichen überprüfen kannst.

— Takt
— Losgelassenheit
— Geraderichtung
— Gleichgewicht

Hier sind alle Voraussetzungen für gute fliegende Wechsel — einschließlich Serienwechsel — gegeben: Takt, Losgelassenheit, Geraderichtung und Gleichgewicht in einem sog. Bergaufgalopp (Nicole Uphoff mit Rembrand).

Kurzform

Wenn einer dieser Punkte nicht in Ordnung ist, solltest du keinen Wechsel verlangen.

Hilfen

● Es gibt verschiedene Möglichkeiten der Hilfengebung für den fliegenden Wechsel — abhängig von der Methode, mit der er dem Pferd beigebracht wurde. Die meisten professionellen Ausbilder geben folgende Hilfen: *Den wesentlichen Impuls für den Wechsel gibt der neue äußere Schenkel, der am Pferd eine Handbreit zurückgeht und im Galopprhythmus angedrückt wird.* Der neue innere Schenkel hält, an den Gurt genommen, elastisch dagegen. Mit deinem Gewicht folgst du weich dem neuen Galoppsprung.

Denke daran

Vermeide vor allem das Blockieren der neuen inneren Seite durch hartes Umsitzen oder Umstellen.

● *Konzentriere* dich auf den *neuen äußeren Schenkel*, der neue innere kommt von selbst auf seinen richtigen Platz, wenn du dich weich in den neuen Galoppsprung einschmiegst. Entscheidende Voraussetzung für das Gelingen des fliegenden Wechsels ist der richtige Moment der Einwirkung (timing): Das Pferd kann nur in der Schwebephase den Galopp wechseln. Es braucht

In der ersten Dreibeinstütze ist der richtige Moment für die Hilfen zum fliegenden Galoppwechsel (links: Nicole Uphoff mit Rembrand).

einen Moment Zeit von deiner Hilfengebung bis zu seiner Reaktion. Je dichter die Hilfen also zum Schwebemoment hin erfolgen, desto weniger Zeit hat dein Partner bis zur Ausführung: Weglaufen oder Nachspringen sind eine häufige Folge.

● Der *richtige Moment*, in dem der *Druck der zurückgenommenen*, neuen *äußeren Wade* kommen muß, ist die *erste Dreibeinstütze*. Das ist genau der Augenblick, in dem die innere Wade im Handgalopp treibt. Du mußt dir den Moment einfach wieder ins Bewußtsein zurückholen, denn du gibst den Druck mit der Wade ja längst automatisch im richtigen Moment.

● Zum Einüben hat sich folgende *Vorübung* als wertvoll erwiesen: Ich mache dem Schüler bewußt, wie er mit dem inneren Schenkel im Handgalopp treibt, und vermittle ihm damit den richtigen Augenblick, in dem das neue äußere Bein zurückdrückt. Am besten unterstütze ich dies zuerst mit einer lautlichen Hilfe, indem ich jedes Mal im richtigen Moment »jetzt« sage. Sobald der Schüler diesen Moment im Gefühl hat, lasse ich ihn das »jetzt« selbst angeben. Dann fordere ich ihn auf, im selben Augenblick das Bein zurückzunehmen.

● Auf dem Zirkel kann ich die Hilfe am besten kontrollieren. Nach meiner Erfahrung hat es sich *gut bewährt*, wenn *der Reiter im gleichen Takt mitzählt* und etwa auf »vier« die Hilfen für den fliegenden Wechsel simuliert. Dabei bereite ich gleichzeitig das Zählen für spätere Serienwechsel vor.

Methoden der Ausbildung

Vorbereitung durch häufiges Angaloppieren links und rechts, dabei auf zeichenartige Hilfen abstimmen und mit der äußeren Wade beginnen. Steigern bis zum einfachen Galoppwechsel.

● *Reite die ersten fliegenden Wechsel immer zur »besseren« Seite hin.*

übung, z. B. der Piaffe). Durch Strafe würde die Reaktion des Pferdes mit Angst belegt und dadurch blockiert oder verhindert.

● *In der Einübungsphase reitest du die fliegenden Wechsel immer am Ende der Stunde,* damit du nach einem gelungenen Versuch aufhören und loben kannst. Der Lerneffekt ist hier wichtiger als das sonst gymnastisch nötige Abspannen.

Am besten hat sich folgende Methode beim Ausbilden des fliegenden Wechsels bewährt: Aus dem Schritt am Anfang der langen Seite im Außengalopp angaloppieren, einige Pferdelängen geradeaus reiten, dann auf einen halben Zirkel (Durchmesser 20 m) abwenden und das Pferd zur Bande (beim Erreichen des Hufschlags) zurückspringen lassen.

● Bei ausbalancierten jungen Pferden mit gutem Galoppsprung wird

Anfangs ist es nur wichtig, daß das Pferd nicht nachspringt (Wechsel von rechts nach links).

Da die meisten Pferde nach rechts schief sind, wechselst du in diesem Fall vom Rechts- in den Linksgalopp. Ist dieser Wechsel gelungen, hörst du auf und lobst. Versuche dann den Wechsel von links nach rechts – aber anfänglich nie in derselben Stunde, sondern frühestens am nächsten Tag.

● *Übe am Anfang den fliegenden Wechsel immer an der gleichen Stelle* und erst, wenn das Pferd ihn verstanden hat, an einem anderen Platz. Immer wieder die gleiche Hufschlagfigur ohne Wechsel reiten; dadurch verhinderst du, daß das Pferd wegläuft oder ohne Hilfen von alleine umspringt.

● *Bei den ersten Versuchen ist es nur wichtig, daß das Pferd nicht nachspringt.* Wenn es dabei schneller wird oder nicht ganz gerade bleibt, ist dies eine Frage der späteren Verfeinerung.

Wichtig: *Nach dem ersten gelungenen Versuch muß sofort aufgehört und gelobt werden.*

● Ist das Pferd nachgesprungen, wird der Wechsel in aller Ruhe und – ohne zu strafen – neu vorbereitet. Der fliegende Wechsel ist eine rasch erfolgende Reflex- oder Reaktionsübung (im Gegensatz zur Kraft-

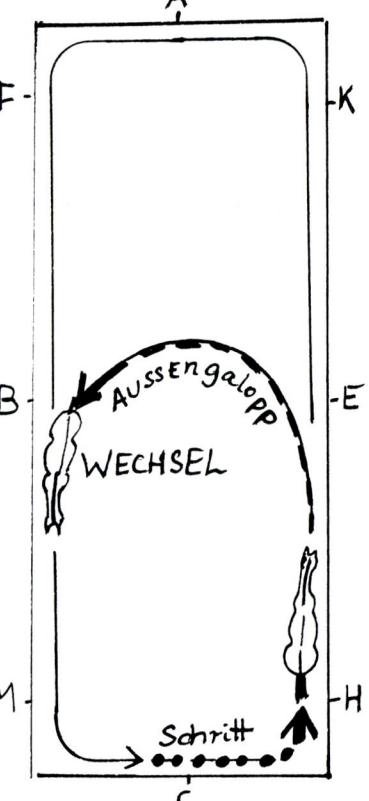

Eine bewährte Methode: Im Außengalopp auf einen halben Zirkel abwenden und das Pferd beim Erreichen des Hufschlags umspringen lassen.

140

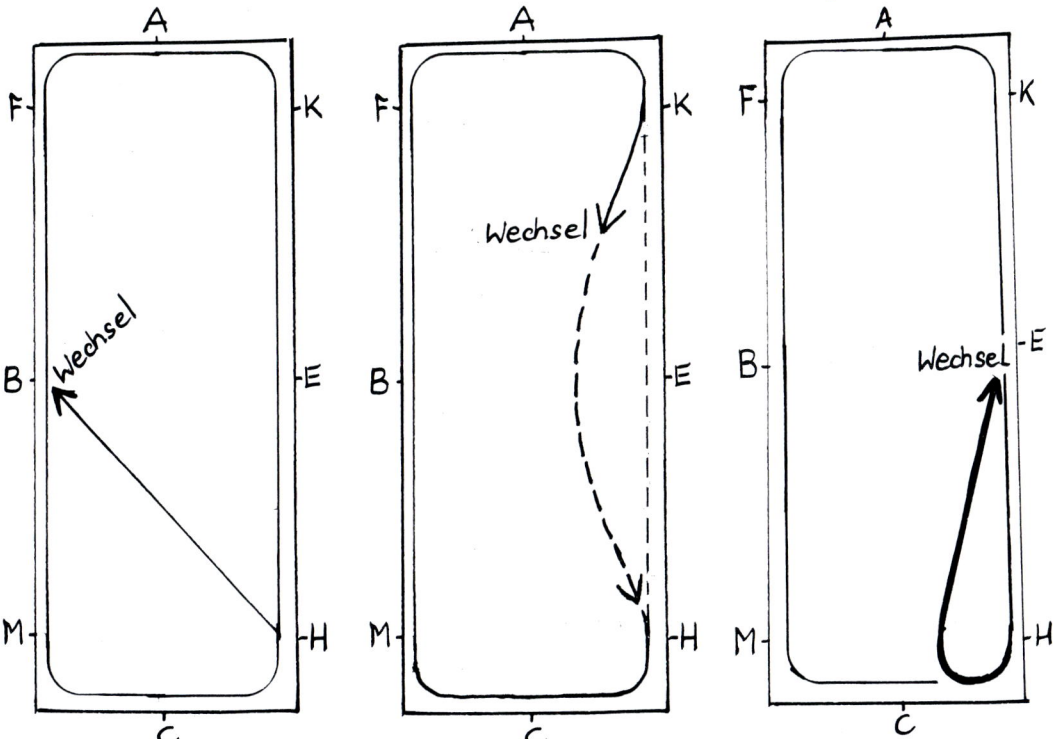

es fast immer zum Erfolg führen, wenn du in spielerischer Form im Arbeitsgalopp durch die halbe Bahn wechselst und den Wechsel kurz vor dem Hufschlag versuchst.

● *Gut bewährt hat sich auch das Einleiten einer einfachen Schlangenlinie im flachen Bogen*, wobei der Wechsel zur Bande hin etwa eine Pferdelänge nach dem Verlassen des Hufschlages gefordert und nach gelungenem Wechsel durchpariert wird.

● Wenn es Verständigungsschwierigkeiten gibt, kann dir auch folgende Übung helfen: Aus-der-Ecke-kehrt einleiten und *traversartig zum Hufschlag reiten*. Dort angekommen, die Hilfen für den Wechsel geben. Sobald das Pferd die Hilfen verstanden hat, wird auf gerader Linie geübt.

● *Nicht empfehlenswert ist das Einüben fliegender Wechsel mit starker Richtungsänderung* (etwa aus oder durch den Zirkel wechseln), weil die Pferde dabei erfahrungsgemäß da-

zu neigen, mit dem inneren Vorderbein umzuspringen und hinten nachzukommen.

● *Wenn dein Pferd nach einigen Versuchen den Wechsel vorausahnt und sich aufregt*, wirkt sich das Reiten von frei angelegten Diagonalen (vgl. S. 142) gut aus: also nach der zweiten Ecke der kurzen Seite bis zur Mitte der gegenüberliegenden oder vom HB-Punkt bis zu C oder A (und umgekehrt). Du bleibst dabei so lange auf derselben Hand, bis absolute Ruhe eingekehrt ist. Erst dann reitest du einen fliegenden Wechsel und wechselst zugleich auch die Hand. Das Reiten dieser Linie bietet dir überdies eine hervorragende Möglichkeit, um dein Pferd vor dem Wechsel schultervorartig gerade zu machen.

● *Im Laufe der Zeit wird die Hilfengebung immer feiner* und unsichtbarer, und die Wechsel werden an verschiedenen Stellen ausgeführt. Achte darauf, daß dein Pferd sie exakt gerade, im gleichbleibenden Tempo,

Oben links: Durch die halbe Bahn wechseln und das Pferd kurz vor dem Hufschlag umspringen lassen. Oben Mitte: Wechsel auf flacher einfacher Schlangenlinie zur Bande hin. Oben rechts: Aus der Ecke kehrt, traversalartig zum Hufschlag und dort den Wechsel reiten.

141

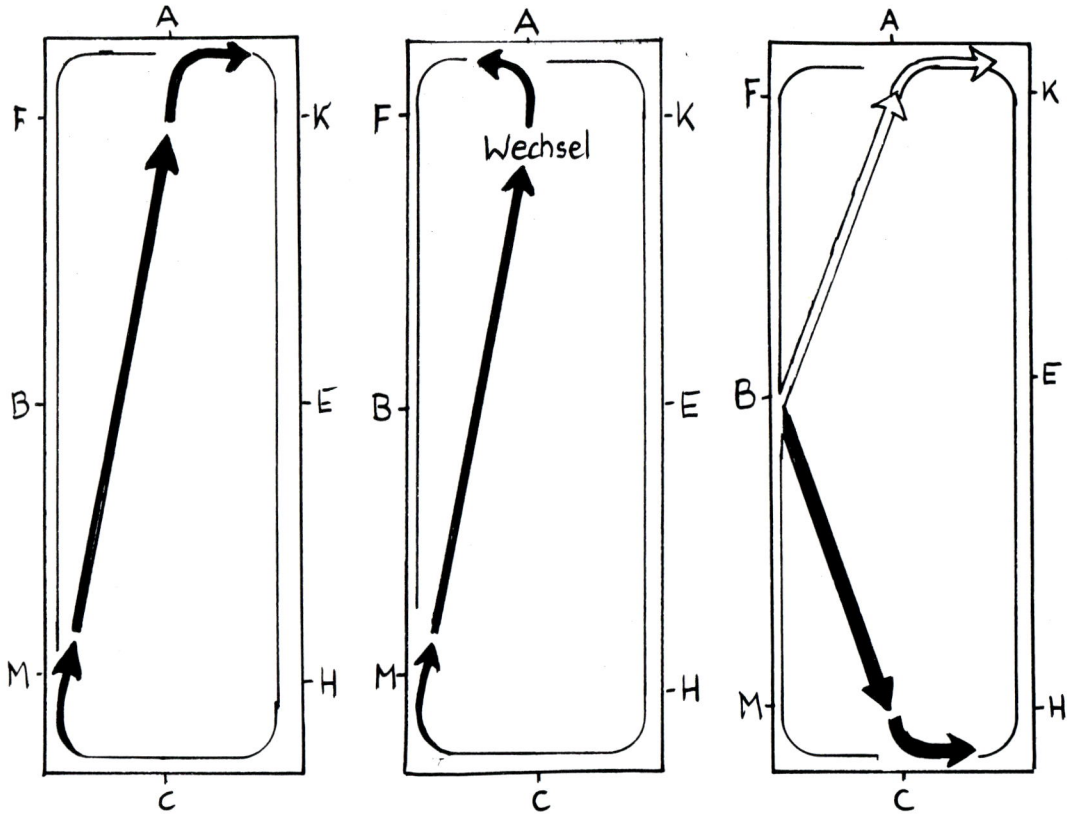

Oben links: Frei angelegte Diagonale ohne Handwechsel.

gelassen, gut nach vorne und bergauf springt. Diese Verfeinerung kannst du nur aufgrund einer sorgfältigen geraderichtenden Arbeit erreichen.

Kontrolle

Merke dir

Bevor das Pferd den Wechsel nach beiden Seiten nicht wirklich sicher beherrscht, mußt du unbedingt eine Kontrolle darüber haben, ob es nachspringt (s. o.).

● Wenn der neue innere Hinterfuß nur einen kleinen Moment später vorspringt als das gleichartige Vorderbein, kann man dies als Reiter nicht fühlen. Das Nachspringen darf sich aber auf keinen Fall einschleifen, deshalb ist es notwendig, daß du jemanden hast, der sicher erkennen kann, wie der Wechsel gesprungen wurde.

● Eine andere Kontrollmöglichkeit ist der Spiegel in der Reithalle. So kannst du z. B. vom Mittelzirkel aus am Spiegel vom Außengalopp in den Handgalopp wechseln.

Schwierigkeiten und Tips

Wenn sich Schwierigkeiten einstellen, überprüfe sorgfältig, ob die unter »Voraussetzungen« genannten vier Punkte in Ordnung sind. Wechsle zwischen den Methoden ab, probiere also eine andere Methode aus, wenn die eine nicht zum Erfolg führt.
Als Lehrer von weniger routinierten Schülern solltest du immer wieder das »timing« der Hilfen kontrollieren.

Oben Mitte: Handwechsel und fliegender Wechsel.
Oben rechts: Gute Möglichkeit für schultervorartiges Geraderichten

Grundsätzlich

142

Kontrolle des fliegenden Wechsels vor dem Spiegel.

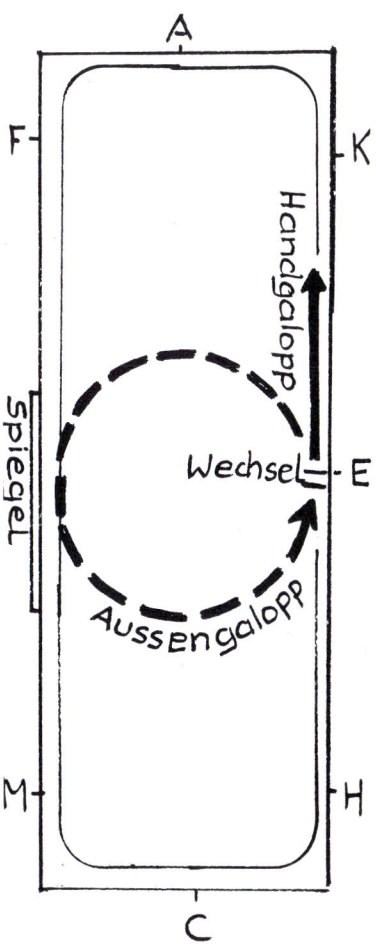

A

F — — K

Handgalopp

Spiegel

Wechsel — E

Aussengalopp

M — — H

C

● Du bereitest den Wechsel schultervorartig vor und fängst den neuen Sprung mit der inneren Wade wieder zum Schultervor auf.
● Du nimmst beim Umspringenlassen nach außen die Bande zu Hilfe.
● Das Tempo etwas erhöhen.

Tips

Problem

Dein Pferd wird beim fliegenden Wechsel schneller, es läuft weg.

Tips

● Beim jungen Pferd, das den Wechsel gerade lernt, ist das durchaus normal und kein Grund zur Beunruhigung. Dies verliert sich mit zunehmender Routine.
● Mit einem älteren Pferd, dem der Wechsel bereits vertraut ist, reitest

Problem   Dein Pferd springt hinten nach.

Tips   ● Du läßt es auf dem Hufschlag vom Handgalopp zur Bande hin in den Außengalopp umspringen. Kontrolle ist dabei wichtig (s. o.).
● Wenn das Pferd — dem diese Methode ungewohnt ist — nicht umspringt, sondern schneller wird, bringst du zuerst wieder absolute Ruhe in den Galopptakt, konzentrierst dich auf die richtig abgestimmte Hilfengebung und machst erst dann einen erneuten Versuch.
● Du gibst zu den Hilfen auf der neuen äußeren Seite eine unterstützende Gertenhilfe.

Problem   Dein Pferd springt den Wechsel nicht gerade.

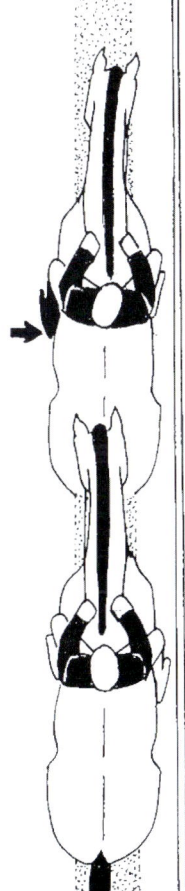

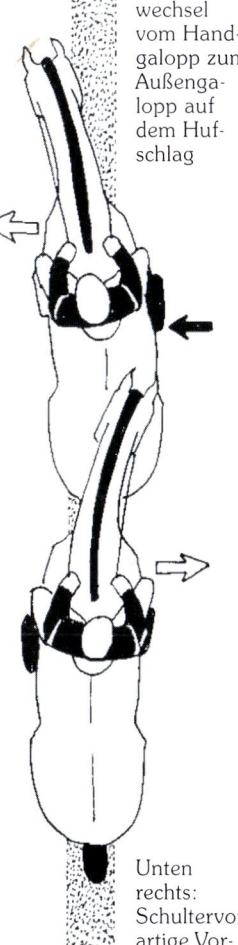

Unten links: Galoppwechsel vom Handgalopp zum Außengalopp auf dem Hufschlag

Unten rechts: Schultervorartige Vorbereitung

wechsel einwandfrei, kannst du mit den Einerwechseln beginnen.

● Bei nach rechts schiefen Pferden beginnst du auf der linken Hand, *läßt also den ersten Einer zur besseren Seite springen.* Du reitest am besten nach der zweiten Ecke der kurzen Seite — und immer an derselben Stelle — einen Wechsel nach rechts und wieder nach links zurück in den Handgalopp. Gelingt dies nicht auf Anhieb, so hast du auf dem Rest der langen Seite genügend Zeit, den Versuch zu wiederholen.

● Mache dabei dein Pferd am Anfang kurz vorher durch aufmunternde lautliche Hilfen, etwa ein Schnalzen, aufmerksam — denn es muß bei dieser schnellen Bewegungsabfolge von sich aus mitmachen.

● Nach einiger Zeit versuchst du diesen Einer auf der anderen Hand.

● Klappt er auf beiden Händen, fügst du allmählich immer wieder einen weiteren hinzu.

● Gelingen dir etwa fünf bis sechs Einerwechsel, so übst du sie anschließend auf der Diagonalen und fügst mit der Zeit weitere hinzu, bis du die geforderte Höchstzahl erreicht hast.

● Bewährt hat es sich, bei den Einerwechseln beide Beine zurückzubehalten und die Hilfe lediglich mit dem Druck des neuen äußeren Schenkels zum inneren zu geben: Du kannst so schneller reagieren, sitzt dabei ruhig, und dein Pferd bleibt gerade.

● Zur Erleichterung der *Technik des Zählens* und Einteilens bei den Serienwechseln: Zähle z. B. bei fünf Vierern so: 1, 2, 3, 4 − 2, 2, 3, 4 − 3, 2, 3, 4 − 4, 2, 3, 4 − 5, 2, 3, 4. Für die Einteilung auf der Diagonalen gilt: 2 Vierer vor X, der 3. bei X und danach die letzten beiden.

● Beim Zählen der Dreier gehst du entsprechend vor: 1, 2, 3 − 2, 2, 3 − 3, 2, 3 usw. Bei fünf Dreiern auf der Diagonalen erfolgt dann der 3. bei X, die beiden ersten vor und die beiden letzten nach X.

● Den Zweierrhythmus bei den Zweierwechseln hast du im Hinter-

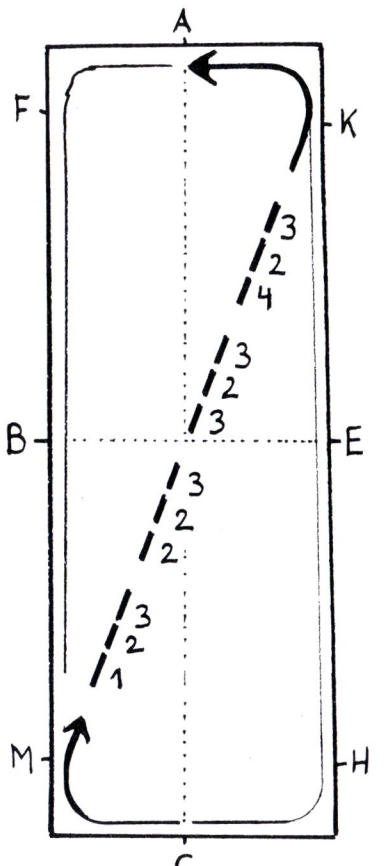

Einteilung der Dreierwechsel

kopf, etwa: 1 hm, 2 hm, 3 hm usw. Du kannst aber auch 1, 2−2, 2−3, 2−3, 3 usw. zählen. Und du verteilst die Wechsel wieder so über die Strecke, daß der mittlere bei X gesprungen wird, bei 9 Zweiern also der 5. Bei 15 Einern erfolgt der 8. Wechsel bei X.

Schwierigkeiten und Tips

Grundsätzlich Schwierigkeiten bei den Serienwechseln begegnest du grundsätzlich auf die gleiche Weise wie bei den einzelnen Wechseln. Achte vor allem sorgfältig darauf, daß die vier erwähnten Punkte stimmen.

145

Problem Dein Pferd hat sich angewöhnt, nicht absolut sauber sofort auf die Hilfen zu springen, also etwa einen Galoppsprung später zu kommen.

Tips ● Damit kannst du dich bei den einzelnen fliegenden Wechseln in M vielleicht noch durchmogeln! Für die Serienwechsel mußt du das Pferd auf prompte Reaktion abstimmen. Am besten gehst du dafür auf den Zirkel, wo du es energischer anfassen kannst.
● Hat es auf die Hilfen reagiert, wiederholst du den Wechsel mit feinerer Einwirkung.

Problem Dein Pferd verhält sich und springt die Wechsel mit hoher Kruppe.

Tips ● Erhöhe – wie im Fall einzelner Wechsel – das Grundtempo.
● Reite dann den Wechsel mit den Beinen und benutze dein Kreuz zum Vortreiben. Darauf mußt du dein Pferd vorher im Handgalopp abstimmen.

Problem Dein Pferd springt bei den Serienwechseln dazwischen einen Galoppsprung zuviel oder zu wenig.

Tips ● Galoppiere ruhig weiter und versuche, wie in einer Dressurprüfung, die Serie weiterzureiten.
● Beginne dann die Serie mit aller Gelassenheit von neuem.

Problem Dein Pferd gerät, nachdem es die Einer gerade gelernt hat, auf einmal mit den Zweiern durcheinander, indem es immer wieder einen Einer dazwischen springt.

Tip ● Nimm's nicht tragisch! Vor allem bei eifrigen Pferden ist das durchaus normal und gibt sich mit der Zeit von selbst. Allerdings: Übe keine Einer mehr, wenn du ein Turnier vor dir hast, bei dem lediglich Zweier verlangt werden.

5.4. Galopp-pirouetten

Als reine *Kraftübung* braucht die Galoppirouette eine entsprechend lange gymnastische Vorbereitung.
● *Voraussetzung* ist, daß das Pferd den versammelten Galopp von selbst erhält und nur aus den mitatmenden Beinen heraus im selben Tempo weitergaloppiert. *Du mußt in der Lage sein, mit zeichenartigen Hilfen in kleiner Dosierung immer mehr Gewicht auf die Hinterbeine zu verlagern.* Achte dabei darauf, daß du nie Gewicht in die Hände nimmst, sondern immer die Tendenz hast, überstreichen zu wollen. (Tendenz heißt nicht, es dauernd zu tun!)
● *Hilfen:* Du wirkst mit beiden Waden ein. Dabei beginnst du immer mit der äußeren und treibst im Galopprhythmus zur inneren hin. Die jeweilige Wade wirkt so im Takt auf den abfußenden Hinterfuß ein. Behalte dein Pferd gut am äußeren Zügel, mit dem inneren führst du die Vorhand im Rhythmus um die Hinterbeine und wirst bei jedem Sprung wieder leichter. Behalte dein Gewicht etwas mehr auf der inneren Gesäßhälfte, damit das Pferd unter deinem Schwerpunkt springen kann.
● Die beste *Vorbereitung* für die Pirouette ist der »Pirouettengalopp«: Du galoppierst einige Galoppsprünge fast auf der Stelle geradeaus (drei bis vier für die halbe, sechs bis acht Galoppsprünge für die ganze Pirouette), bevor du die zusätzliche Schwierigkeit der »Drehung«, der Wendung um den inneren Hinterfuß auf kleinstem Kreis, verlangst.

Wie oben beschrieben, *kein Gewicht in die Hand nehmen* (Tendenz überstreichen)! Galoppiere dein Pferd immer mehr auf der Stelle.

● Probiere aus, wieviel bzw. wie wenig du dabei am besten mit dem Ge-

Denke daran

Im Dreitakt und mit hoher Versammlung wird die Galoppirouette geritten (Karin Rehbein auf Donnerhall).

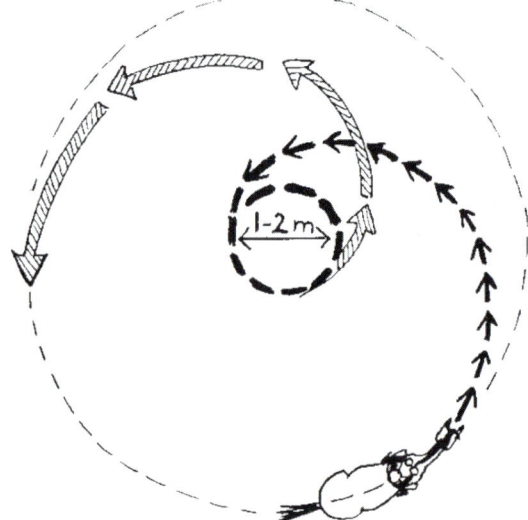

Für die Pirouette muß das Pferd — wie hier — bei klaren, taktmäßigen Sprüngen und feiner Anlehnung die notwendige Versammlung erreicht haben (Herbert Rehbein mit Gassendi).

Kurzform

wicht einwirkst. Einmal parierst du danach durch, lobst und läßt die Zügel lang. Beim nächsten Mal reitest du anschließend vorwärts und lobst. Anfangs übst du den »Pirouettengalopp« auf dem Zirkel, später auch auf der geraden Linie.

● Diese Übung solltest du auch während der weiteren Ausbildung als direkte Vorbereitung auf jede Pirouette reiten. Denke aber daran, daß sie viel Kraft kostet. Ein bis zwei Galoppsprünge fast auf der Stelle genügen als Vorbereitung, bevor du die Vorhand nach der Seite in die Pirouette hineinführst.

Dein Pferd muß zuerst kräftig und reif genug sein, bevor du die Vorhand zur Seite führst und es um den inneren Hinterfuß in die Wendung springen läßt.

● *Eine weitere gute Methode der Vorbereitung* ist die folgende: Du verkleinerst aus hoher Galoppversammlung den Zirkel bis auf einen Durchmesser von ca. 1—2 m: Das

Maß richtet sich immer nach der Aktivität des inneren Hinterfußes, nach dem Takt und der Anlehnung. Danach vergrößerst du den Zirkel, indem du zulegst und lobst.

● Anfangs übst du das nicht öfter als ein bis zwei Mal auf jeder Hand und reitest anschließend auf gerader Linie vorwärts.

Verkleinern des Zirkels als Vorbereitung der Galoppirouette

Arbeits-
pirouette

niemals das Höchstmaß bei zwei Kraftübungen hintereinander verlangen, also z. B. nicht unmittelbar nach der Pirouette Piaffe und Passage reiten. Wechsle ab mit anderen — schon bekannten — Übungen oder auch einer Reaktionsübung wie fliegenden Wechseln.

● Auch in einem späteren Ausbildungsstadium schaltest du immer eine (größere) *Arbeitspirouette* vor, ehe du die Pirouette auf engstem Kreis forderst.

● *Kriterien* bleiben immer: klare, taktmäßige Sprünge, Hankenbeugung und feine Anlehnung.

● Eine *weitere gute Vorübung*: Reite im Training immer wieder einige Galoppsprünge fast auf der Stelle, danach zwei bis drei Galoppsprünge mit der Vorhand zur Seite. Mach die Anzahl der Sprünge dann davon abhängig, wie lange der Takt sicher bleibt. Reite anschließend wieder in freiem Tempo heraus. Du kannst dafür auch den Zirkel als Viereck anlegen, in den Ecken die Vorhand zwei bis drei Sprünge herüberführen und dann wieder herausreiten.

Beachte strikt

Immer wieder vorwärtsreiten, und gerade bei einer Kraftübung wie der Pirouette daran denken: Anfangs

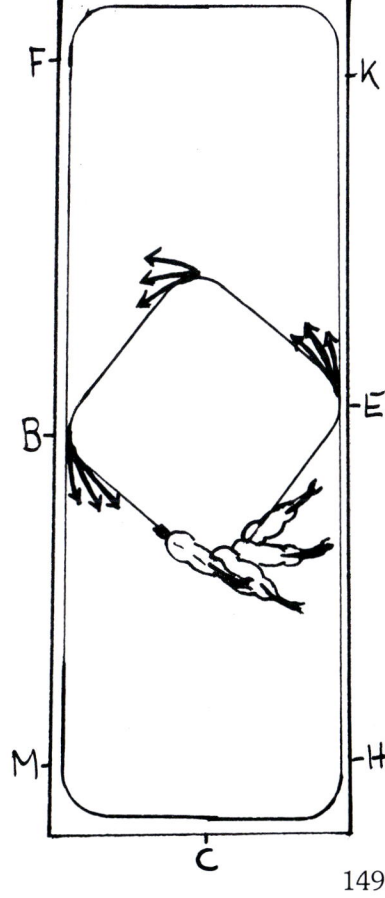

Zirkel als Viereck angelegt: In den Ecken führst du die Vorhand zwei bis drei Sprünge herüber.

149

5.5. Piaffe

● Der *Zeitpunkt*, an dem du mit der Piaffe unter dem Reiter beginnen kannst, ist von Gebäude, Temperament und Rittigkeit des Pferdes abhängig. *In der Regel sollte jedoch das Pferd nicht jünger als sechsjährig sein und die Übungen der Kl. M beherrschen.* Mit der vorbereitenden Handarbeit kann bereits nach der Grundlagenarbeit angefangen werden.

● *Voraussetzung* für die Piaffe: Geraderichtung, Versammlung und Abstimmung müssen so weit fortgeschritten sein, daß das Pferd auf zeichenartige Hilfen aus dem Schritt und dem Halten im Trabtakt antritt und sich beim Durchparieren aus dem Trab in halben Tritten einfangen läßt.

● Halbe Tritte sind zudem keineswegs nur im Hinblick auf das Ziel der Piaffe sinnvoll, sondern insgesamt eine ausgezeichnete gymnastische Übung zur Förderung der Durchlässigkeit und Tragkraft.

● *Kriterien* der Piaffe sind vor allem Takt und Hankenbeugung (Hüft- und Kniegelenk). *Wie hoch ein Pferd dabei tritt, hängt vom Gebäude und der Mechanik ab.* Im Idealfall tritt das Hinterbein mit der Hufspitze bis zur Mitte des Fesselkopfes und das diagonale Vorderbein bis zur Mitte der Vorderröhre.

Halte dir das Bild des bergauf gehenden Pferdes vor Augen: Seine Aufrichtung ist eine Folge der vermehrten Hankenbeugung und steht in Relation hierzu — deshalb relative Aufrichtung. Bei zuviel Aufrichtung blockierst du die Hinterbeine und drückst auf den Rücken.

Vergiß nicht

● Die *Hilfen* zur Piaffe gibst du aus einem ruhigen, elastischen Sitz heraus — also ohne dein Pferd zu stören und ihm das Gleichgewicht zu erschweren.

● Mache dich vor allem anfangs nicht schwer, sondern laß das Fe-

Problem   Dein Pferd wirft sich von sich aus herum, wartet deine Hilfen nicht ab.

Tips   ● Achte darauf, es gut am äußeren Zügel zu behalten.
● Kontrolliere die verlangte Sprungzahl (halbe Pirouette 3–4, ganze 6–8 Galoppsprünge).
● Variiere im Training die Anzahl der Sprünge, reite mal weniger, mal mehr Galoppsprünge.
● Reite, sobald dein Pferd schneller wird, an beliebiger Stelle mit Hilfe des äußeren Zügels aus der Wendung heraus und setze dann erneut an.

Problem   Dein Pferd regt sich auf, will bei der Pirouette weglaufen, bleibt nicht auf dem Platz.

Tip   ● Pariere durch zum Schritt und setze daraus erneut zur Pirouette an. Übe dies möglichst auf dem größeren Kreis der Arbeitspirouette.

Problem   Der innere Hinterfuß »klebt«, springt nicht genügend mit.

Tips   ● Kontrolliere, ob alle Voraussetzungen und auch die Vorbereitung stimmen.
● Prüfe, ob du die Pirouette zu schnell zu eng verlangt hast. Kehre zur Arbeitspirouette zurück.
● Reite im Zirkelverkleinern bis zur Arbeitspirouette um eine Hilfsperson herum, die unter Umständen mit der Handarbeitsgerte von unten nachhelfen kann.

Problem   Dein Pferd springt zu viele Sprünge auf der Stelle, ohne dabei herumzukommen.

Tips   ● Kontrolliere deine Gewichtsverlagerung.
● Achte auf klares Hereinführen und anschließendes Loslassen mit dem inneren Zügel.

Takt und Ausdruck sind wesentliche Kriterien der Piaffe.

dern (Schwingen) über den Rücken zu.

● *Laß beide Waden gleichmäßig in Normallage mitfedern.* Achte vor allem im Hinblick auf die Passage auf diese Lage—für die Passage nimmst du die Beine dann etwas weiter zurück, damit das Pferd zwischen den Hilfen zur Piaffe und zur Passage deutlich unterscheiden kann.

Achte darauf

Manchen Pferden hilft es, wenn du — statt gleichseitig — wechselseitig treibst. Am besten: ausprobieren!

● *Nimm kein Gewicht in die Hand* und achte auf eine absolut gleichmäßige, feine Verbindung. Auch in dieser hohen Versammlung muß dein Pferd stets vortritt- und dehnungsbereit sein—die Vorwärtstendenz muß erhalten bleiben und die Oberhalslinie sich immer um eine Handbreit verlängern lassen.

● *Setze gezielt auch stimmliche Mittel ein:* Das Schnalzen z. B. solltest du dir vor allem für halbe Tritte und Piaffe aufheben. Auch ein ermunterndes »weiter!« kann helfen,

Gute Piaffe

Fehlerhafte Piaffe

151

Vortritt- und
Dehnungs-
bereitschaft
müssen er-
halten blei-
ben.

daß dein Pferd mit den halben Tritten oder dem Piaffieren fortfährt.
Du willst ja mit immer feineren Hilfen auskommen, und dein Pferd soll
immer selbständiger mitarbeiten.

● *Gehe mit der Gerte sparsam um*
und wirke von oben wie von unten
immer auf den jeweils abfußenden
Hinterfuß ein. Sinnvoll ist es auch,
sich durch einen Helfer von unten
unterstützen und zugleich kontrollieren zu lassen.
● Zum Einüben der Piaffe gibt es
verschiedene <u>Methoden</u>: *Die scho-*
nendste ist die durch Handarbeit oh-
ne Reitergewicht. Später setzt du bei
der Handarbeit einen leichten, elastisch und völlig passiv sitzenden
Reiter in den Sattel und läßt erst allmählich die Hilfen von unten durch
die Einwirkungen des Reiters erset-
zen.
● *Für das Piaffieren unter dem Rei-*
ter gelten grundsätzlich dieselben
Prinzipien wie für die Arbeit an der
Hand: Das Einhalten kurzer Repri-

Piaff, gerit-
ten von
Frau Liese-
lott Linsen-
hoff (heute
L. Rheinber-
ger) machte
seinem Na-
men alle Eh-
re: eine Piaf-
fe, wie sie
ganz selten
zu sehen ist.

Ein Helfer wirkt von unten auf das abfußende Hinterbein ein.

sonst provozierst du es leicht zum Widerstand.

● Am besten: Du findest heraus, welche Methode für dein Pferd die geeignete ist.

● Sehr empfehlenswert ist es, *zwischen den verschiedenen Methoden abzuwechseln*, damit das Pferd deine Absicht nicht vorausahnt (antizipiert). Das passiert besonders beim dauernden Üben aus dem Schritt und aus dem Halten und kann zu Schwierigkeiten führen (Zackeln im Schritt beim Verkürzen der Zügel oder unruhiges Stehen).

● *Auch mit dem Beenden der halben Tritte wechselst du möglichst ab:* Nach einigen gelungenen Tritten kommst du zum Halten oder zum Schritt, lobst und läßt die Zügel lang, oder du reitest nach vorn im ruhigen Trabtakt heraus und holst wieder Schwung.

● Denke beim Reiten von halben Tritten nie zu früh an die Piaffe — diese muß ganz allmählich aus den halben Tritten reifen.

● Erst mit der Zeit verlangst du die halben Tritte immer mehr auf dem Platz, bis einige Piaffetritte im Vorwärts entstehen.

● Eine sehr gute Übung, mit der du die Piaffe vorbereiten kannst: *Verkürze durch feine Paraden immer wieder das Tempo und lege nach einigen Pferdelängen wieder zu.* Damit verhinderst du zugleich eine hohe Kruppe und Steifheiten in den Hanken.

Im Training nie zu lange piaffieren! Auch im Ernstfall sind nicht mehr als 15 Tritte verlangt! Vermeide Überanstrengung bei dieser Kraftübung. *Auch während der fortgeschrittenen Ausbildung sind fünf Minuten genug.*

Achte darauf

● Ebenso wichtig wie das rechtzeitige Aufhören ist Abwechslung. Vergiß nie, daß im Anschluß an diese Übung höchster Versammlung unbedingt das Schwungholen im vermehrten Vorwärtsreiten folgen muß.

sen, das Belohnen kleinster Fortschritte durch Aufhören und Lob sind vor allem am Anfang oberstes Gebot. Das Pferd soll verstehen, um was es geht, und sofort erfahren, wenn es seine Sache gut gemacht hat.

● *Die beste Vorübung für die Piaffe sind halbe Tritte*, die du aus dem versammelten Trab, aus dem Schritt und aus dem Halten entwickeln kannst.

● Durch halbe Paraden führst du den versammelten Trab zu halben Tritten zurück. Bei dieser Methode gehst du am wenigsten Risiko ein!

Merke dir Wenn du die halben Tritte aus dem Schritt forderst, mußt du vorher den Schritt verkürzen.

● Du kannst die halben Tritte auch aus dem Halten entwickeln. Laß dein Pferd immer wieder mit feinen Hilfen im Trabtakt antreten und halte wieder an, rege es — wenn sein Temperament es erforderlich macht — ein wenig auf und verkürze die Tritte allmählich.

● Wenn du halbe Tritte und die anschließende Piaffe aus dem Halten übst, muß dein Pferd vorher völlig durchlässig am Zügel stehen. Setze diese Methode nur maßvoll ein —

● Denke auch an Abwechslung bei den Lektionen: Nach einigen gelungenen Piaffetritten solltest du auf Übungen zurückgreifen, die dem Pferd bereits vertraut sind. Achte vor allem darauf, daß du *anfangs nicht in derselben Stunde oder Arbeitseinheit eine weitere Kraftübung, etwa die Galoppirouette,* verlangst, weil damit die Tragkraft überfordert wäre.

● Zu Beginn wirst du die Piaffetritte mit deutlicher Vorwärtstendenz über ein bis zwei Meter nach vorne üben. Es bedarf eines langen, geduldigen Trainings, bis dein Pferd sie korrekt auf der Stelle zeigen kann.

● *Achte sorgfältig auf einen ruhigen, gleichmäßigen Takt* beim Piaffieren. Im Hinblick auf die Passage darf dieser eher etwas langsamer sein als im Trab. Auch hier gilt der Grundsatz: Takt hat Vorrang vor Ausdruck.

● Und sei dir als Ausbilder darüber im klaren, daß *viele Pferde aufgrund ihres Gebäudes und ihrer Mechanik nie eine wirklich ausdrucksstarke Piaffe gehen werden.* Mit einer taktmäßig einwandfreien Piaffe können sie aber Wertnoten zwischen 5 und 6 erreichen.

● Die *Verfeinerung* und Ausdrucksssteigerung kann beginnen, wenn sieben bis acht Piaffetritte über ca. 1 m sicher, im Takt, mit Vorwärtstendenz und auf leichte Hilfen hin gelingen.

● Du steigerst dann die Anzahl der Tritte bis zu fünfzehn und versuchst, sie allmählich mehr und mehr auf der Stelle zu reiten.

● Auch das Einbauen der Piaffe in den Zusammenhang der Dressuraufgabe und die exakte Ausführung an den verlangten Punkten beziehst du mit der Zeit immer stärker in die Arbeit mit ein.

Schwierigkeiten und Tips

Wenn bei der Piaffe Schwierigkeiten auftauchen, so liegt das in den meisten Fällen daran, daß zu schnell vorgegangen wurde. *Gehe deshalb beim Ansatz von Problemen um einen Ausbildungsschritt zurück.* Übe vor allem das taktmäßige Aufnehmen in halben Tritten und daraus das harmonische Vorwärts.
Denke daran: *Auch beim Piaffieren*

Grundsätzlich

auf der Stelle muß dein Pferd stets vortrittbereit sein! Hilf dir dabei mit begleitender Handarbeit!

Die schlimmste Folge eines unfachgemäßen und übereilten Vorgehens ist das Kreuzen, das sich — einmal eingeschliffen — kaum mehr korrigieren läßt. Wenn du das vor Augen hast, wird es dir bestimmt leichter fallen, die Piaffe behutsam auszubilden.

Schiefe: Ein Hinterbein nimmt mehr Last auf als das andere.

Problem   Dein Pferd geht ungleich.

Tips   ● Kontrolliere die Geraderichtung — wenn dein Pferd schief geht, nimmt das eine Hinterbeim mehr Last auf als das andere.
● Wechsle von Zeit zu Zeit die Gerte, damit du nicht einseitig immer nur ein Hinterbein anregst.
● Überprüfe deine Verbindung zum Pferdemaul: Sie muß völlig gleichmäßig sein, damit dein Pferd absolut gerade gestellt ist.

Problem   Dein Pferd geht zu eilig oder es trippelt.

Tips   ● Du bist zu rasch vorgegangen, solltest zu Vorübungen zurückkehren und die Anforderungen nur behutsam steigern.

● Achte darauf, daß du nicht schneller treibst oder schnalzt als im Trab. Denk daran: Der Takt darf eher etwas langsamer sein als im Trab.
● Wenn dein Pferd trippelt, reitest du immer wieder ruhig aus der Piaffe heraus. Gehe zurück zu halben Tritten. Reite sofort taktmäßig vorwärts, sobald sich Taktfehler einstellen.

Dein Pferd »klebt« mit den Hinterbeinen — meist verbunden mit steifen Hanken und hoher Kruppe.   **Problem**

● Laß das Pferd wieder mehr vorwärts. Schalte einen Ausbildungsschritt zurück.
● Vielleicht war die Handeinwirkung zu hart.
● Kontrolliere das Maß der Aufrichtung. Verlängere unter Umständen die Oberhalslinie um eine Handbreit.

Problem Dein Pferd wehrt sich, versucht zu steigen.

Tips
● Stelle es vor der Piaffe tiefer ein.
● Gleiche durch Vorwärts aus.

Problem Dein Pferd weicht seitlich aus oder geht rückwärts.

Tips
● Entwickle wieder halbe Tritte aus dem versammelten Trab und reite taktmäßig heraus.
● Kontrolliere Anlehnung (gleichmäßige, leichte Verbindung) und Geraderichtung.

Problem Dein Pferd tritt nicht diagonal.

Tip
● Schalte eine Zeitlang wieder Handarbeit dazwischen. Piaffiere mit deutlicher Vorwärtstendenz.

Problem Dein Pferd kennt die Aufgabe und bietet dir die Piaffe schon vor dem angegebenen Punkt an.

Tips
● Reite im Training nicht immer wieder die gleiche Übungsfolge.
● Reite über den besagten Punkt hinaus und übe die Piaffe an einer späteren Stelle.

5.6. Passage

Voraussetzung für die Passage ist nach allen praktischen Erfahrungswerten in der Regel die Piaffe, die zumindest in der Vorwärtsbewegung (1–2 m) beherrscht werden sollte. Auch die Tatsache, daß die Passage weniger an der Hand, also ohne Reitergewicht, eingeübt werden kann, spricht für diese Reihenfolge.

156

● Sehr gut bewährt hat sich jedoch die Verbindung von reiterlicher Einwirkung und Handarbeit (Helfer von unten).
● *Wenn dein Pferd sich aufregt und dir dabei die Passage anbietet, so nütze dies ruhig aus und gehe darauf ein.* Vergiß aber nicht, danach zu loben und im taktmäßigen Trab herauszureiten, bzw. zum Schritt zu parieren. Du nimmst sie also momentan an, arbeitest dann aber zielgerichtet zuerst wieder an der Piaffe weiter und freust dich über die vielversprechende Veranlagung für die spätere Passage.

Kriterien der Passage sind vor allem die taktmäßige diagonale Fußfolge, Hankenbeugung (Hüft- und Kniegelenk) und die Kadenz, die durch das momentane Aushalten des jeweiligen diagonalen Beinpaares entsteht.
● *Wie hoch ein Pferd dabei tritt, hängt bei der Passage noch mehr als bei der Piaffe vom Gebäude und von der Mechanik ab.* Einige Pferde gehen die Passage mehr mit angezogenen Vorderbeinen, während andere diese mehr strecken. Im Idealfall tritt das Hinterbein mit der Hufspitze bis zur Mitte des Fesselkopfes, und das diagonale Vorderbein ist mit dem Vorderarm bis zur Waagerechten erhoben.

Anbieten von Passagetritten bei Aufregung

Korrekte
Passage

Auch bei
der Passage
hat der Takt
zu Beginn
Vorrang vor
Ausdruck.

157

Oben: Eine gute, ausdrucksvolle Passage zu Hause bei der Arbeit.

● Deine *Hilfen* gibst du wie bei der Piaffe aus dem elastischen Sitz heraus.

Vor allem willst du dabei nicht schwer einsitzen, sondern machst dich eher leichter und denkst andeutungsweise an das Leichttraben. Du ermöglichst dadurch das Aushalten der verlängerten Schwebephase, nimmst dein Pferd gleichsam nach oben mit.

● Um den Passagerhythmus zu unterstützen, darfst du — vor allem in der Einübungsphase — mit beiden Händen leicht im Takt nach oben federn.

Unten: Eine gelungene Passage bei der Weltmeisterschaft in Toronto (Erika Taylor mit Crown Law, Australien).

Merke dir Du darfst dabei auf keinen Fall mit Kreuz und Schenkeln pressen, sondern ermöglichst den Passagetakt mit elastisch federnden Hilfen und zu Anfang mit rhythmisch unterstützender Stimme.

Passage mit gutem Ausdruck

● Gut bewährt hat es sich, dazu von oben oder von unten aus das Pferd am höchsten Punkt der Kruppe zu touchieren. Aber auch das ist nicht bei jedem Pferd gleich. Du mußt es einfach herausfinden!

Probiere aus Reagiert mein Pferd auf wechselseitiges oder gleichseitiges Federn der Waden?

● Für die Passage nimmst du die Beine etwas weiter zurück, damit das Pferd zwischen den Hilfen zur Piaffe und denen zur Passage deutlich unterscheiden kann.
● Das *Vorgehen* ist prinzipiell gleich wie bei der Ausbildung der Piaffe: *Nach den ersten gelungenen Tritten hörst du auf und lobst;* du steigerst die Leistung nur ganz allmäh-

Für Piaffe, Passage und die Übergänge erhielt Ideaal immer eine hohe Bewertung (Joh Hinnemann mit Ideaal).

lich und achtest darauf, daß deinem Pferd Leistungswille und Arbeitsfreude erhalten bleiben.

● Für die Entwicklung der Passage gibt es verschiedene Möglichkeiten:

● Aus der Piaffe läßt du die Tritte allmählich nach vorne heraus.

● Aus dem versammelten Trab bringst du durch allmähliches Einfangen die Tritte in den Passagetakt. Vorher muß das Pferd durch häufiges Reiten von Übergängen und Tempowechseln vorbereitet, völlig durchlässig und versammlungsbereit sein.

● Bei manchen Pferden führt das Aufnehmen aus der Trabverstärkung zum Erfolg. Dabei nimmst du den Schwung in die Passagetritte hinüber, bis die Tritte immer kadenzierter und ausdrucksvoller werden.

● Einige Ausbilder entwickeln die Passage auch aus dem versammelten Schritt. Dies ist sicherlich keine allgemein ratsame Methode, weil das Pferd aus dem Schritt keinen Schwung mitbringt.

● Wie beim Ausfeilen der Piaffe wird auch bei der Passage die Zahl der Tritte allmählich erhöht. Für die Anforderungen des Grand Prix mit genauen Punkten, Hufschlagfiguren und korrekten Übergängen muß das Pferd allmählich reifen.

Laß die Oberhalslinie eine Handbreit länger werden.

Schwierigkeiten und Tips

Grundsätzlich

Die meisten Schwierigkeiten haben dieselbe Ursache wie bei der Piaffe. Auch für die Passage gilt: Immer wenn Schwierigkeiten auftreten, gehst du einen Schritt zurück und reitest wieder mehr vorwärts. Verzichte auf mehr Ausdruck, wenn dies auf Kosten des Taktes geht. Auch hier gibt es Pferde, die aufgrund ihres Gebäudes und ihrer Mechanik begrenzt sind.

Problem   Dein Pferd geht ungleich.

● Kontrolliere die Geraderichtung, damit nicht ein Hinterbein mehr Last aufnehmen muß als das andere.   **Tips**

● Durch die verlängerte Schwebephase reagiert dein Pferd sehr sensibel auf ungleiche Verbindung zum Pferdemaul.

● Wie bei der Piaffe wechselst du von Zeit zu Zeit die Gerte.

Dein Pferd geht mit steifen, schleppenden Hinterbeinen.   **Problem**

● Kontrolliere die Aufrichtung, die häufig bei dieser Übung zu stark ist. Laß die Oberhalslinie wieder eine Handbreit länger werden.   **Tip**

160